The Art of
Educational Leadership

Anxiety Relief and the
Peace of Mind and Body

教育领导的艺术

解脱烦恼与安定身心

楚红丽◎著

中国经济出版社
CHINA ECONOMIC PUBLISHING HOUSE
北 京

图书在版编目（CIP）数据

教育领导的艺术：解脱烦恼与安定身心 / 楚红丽著. -- 北京：中国经济出版社，2023.5

ISBN 978-7-5136-7303-7

Ⅰ. ①教… Ⅱ. ①楚… Ⅲ. ①教育管理学 – 研究 Ⅳ. ① G46

中国国家版本馆 CIP 数据核字（2023）第 081696 号

组稿编辑　崔姜薇
责任编辑　黄傲寒
责任印制　马小宾
封面设计　久品轩

出版发行　中国经济出版社
印 刷 者　北京力信诚印刷有限公司
经 销 者　各地新华书店
开　　本　710mm × 1000mm　1/16
印　　张　10.75
字　　数　107 千字
版　　次　2023 年 5 月第 1 版
印　　次　2023 年 5 月第 1 次
定　　价　78.00 元
广告经营许可证　京西工商广字第 8179 号

中国经济出版社　**网址** www.economyph.com　**社址** 北京市东城区安定门外大街 58 号　**邮编** 100011

本版图书如存在印装质量问题，请与本社销售中心联系调换（联系电话：010-57512564）

Preface 前　言

教育领导是一门科学，更是一门艺术，它既是抽象学术的艺术，又是工作生活的艺术。科学是用理性方式来把握世界，而艺术则是用审美方式来把握世界。科学是理性的，艺术是感性的。艺术是与人密切结合的，而科学是脱离于人的主观意志而存在的。因此，科学追求的是发现并遵循客观存在的自然规律，带有强烈的客观色彩，而艺术的主观色彩很浓，面对的是人们的审美意识，反映的是人们的生活及生活中的情感和价值观。

教育领导是一门不断走向科学的科学，但它更是一门不断走向艺术的艺术。因为教育是有关人和人类社会的科学，其所反映出来的科学规律有一定的普遍性和必然性，但同时也有很大的不确定性和个别性。教育领导者需要看见不同个体的鲜明个性、生活体验、内心情感，激发人们内心的爱和敬意，弘扬人们美好的价值追求，从而使个体更安心、家庭更和谐、社会更祥和。

教育领导需要包容个人的人生体验，需要涵盖物质与精神的个人体悟，需要展现情景交融的人情社会，引导人们领会身心平衡的艺术、闲暇与工作的艺术、给予与接受的艺术、爱与自由的艺术，以及人间烟火味与诗意人生结合的艺术。因此，教育领导应该是直指生命的艺术，是帮助人确定生活意义和态度的艺术，是帮助人安定身心的艺术，是帮助人解脱来自个人、家庭、社会的各种烦恼的艺术。

本书从自我与教育领导、成熟与教育领导、情绪与教育领导、身心平衡与教育领导四个方面，阐述教育在解脱烦恼与安定身心层面上的领导艺术。

Preface 自　序

在有关教育领导的研究文献中，我们经常看到用宏大的理论和抽象、生硬的学术语言，来描述宏伟的信念、追求和理想的论述，却很少见到针对普通人的生活所谈论的教育领导。

其实，教育对普通人的生活影响甚为重大，作为普通人，我们应该好好思考应该从教育中收获些什么。我们深受教育领导制度和方式的影响，我们在国家层面的教育领导政策及制度下开展着自己的校园学习和生活安排，教育领导的观念、方向影响着我们的价值观和生活方式。我们接受的教育，在很大程度上决定着我们如何看待自己与他人的情感和利益关系、如何看待自己与世界的关系，这些隐藏的意识和观念决定了我们看待世界的眼光和眼界。

有的人在校园中结识了自己的爱人，有的人在校园中结交了一生的良师益友，还有的人在校园中获得了一段难以磨灭的记忆，以及影响一生的专业知识、学历、生活方式……这些经历影响着他们的人生态度、社会认知，以及一生中大大小小的决定。教育领导的视域和其所覆盖的范围如此广阔，身处其中的每个人都直接或间接地受到了深远的影响。教育应该培养人，要培养人，首先就应该看到人，看到身在其中的绝大多数人是平凡的人。平凡的人从教育中应该收获些什么？应该得到些什么？应该规避些什么？应该去除些什么？这些问题需要被教育领导者思考、反思，并加以改进、完善。

教育要培养的是全面发展的人，而非考试机器。作为教育领导者，需要看见人，尤其是要看见并非考试“精英”的普通人，要对普通人充满关注和热爱，要考虑如何让他们在学校教育中收获一生都可受益的财富，比如正确的三观、有益的兴趣爱好、健康的身心、识人交友的智慧、正确的待人处世方式、正常的婚恋观、育儿及家教方法、中西医医药常识等。而不是让一个接受过教育的人不懂生活和工作的意义与价值，到了社会上再一切从头学起，甚至走更多的弯路、犯更多的错误。如果教育的结果是这样的，那么教育领导者一定要审视自己在领导观念、领导态度、领导伦理和领导能力上到底出现了什么样的问题。

教育领导者要深入了解身处教育世界里的人和他们的故事，关注到更细微、更真实的人，了解他们的经历和情感体验，并在所有的思考和感受沉淀下来之后，通过改进教育领导的方向和方式，来纠正错误、改进工作，从而让每个人的生活和工作因为受教育而变得更加美好。

本书从解脱烦恼与安定身心两个部分，来关注教育领导力的发展和提升。书中分别从当前人们对名望、财富与权力的认知，对成熟的认知，对嫉妒、忧郁与愤怒等情绪的认知，对身心平衡的认知等基本观念和普遍做法入手，深入解析自我、成熟、情绪、身心合一的本质，进而提出人的自我与组织整体效能、情绪与组织沟通、成熟与组织公民行为、身心合一与组织文化方面的管理建议和领导策略，希望能从人们耳熟能详、习以为常的教育领导中挖掘出不一样的视角，找到教育领导改善改进和尽善尽美的方向。

教育领导是一门追求真、善、美的艺术，既要具有纯粹理性，找出“真”相，又要在纯粹理性中找出“善”意，还要在真相和善意之中体现人性的“美”感，在真、善、美的教育领导艺术中培养我们的下一代，使之成为真、善、美的人！

Contents 目 录

第一部分

解脱烦恼

“解脱烦恼”这一部分包括两章内容。第一章从自我观与整体观的真相出发，破解“自我”执念的真相，即洞察“自我”执念所指向的并不是人真正想要的，并且“自我”执念并不能使人得到其真正想要的东西；第二章从成熟与不成熟的真相出发，揭示“成熟”的真义，即成熟的真正表现并不是适应外在社会和他人的要求，而是本自圆满、反求诸己，是活在当下、自爱爱人。

第一章

自我和教育领导

一、对名望、财富与权力的野心

新儒家代表蔡仁厚认为，现代社会的人，人生目标太过狭隘，生活态度太过自利，太过自我中心，既不能自安，也不能与人相安。现如今，确实有一些人，一旦迈入社会，就开始沉迷于追逐功名利禄、权势地位，被头脑中无休无止、无节制的欲望所纠缠，被挥之不去的不安全感和匮乏感所缠绕。这些烦恼的产生，很大程度上源于生命智慧的不足，我们应该在进入社会之前就通过接受教育获得关于生命智慧的引导和启发，找到明心见性的方法，而教育领导者有责任让教育成为安顿人们彷徨心灵的一盏明灯。

1. 错误的社会攀比“程序”

社会是复杂的，在人与人组成的社会关系中，行业与职位的分工模式和社会报酬的分配模式，使人们的劳动所得有了多与少之分。在攀比风气的作用下，一些人觉得自己比别人生活得好时，会骄傲自大、扬扬得意；觉得自己不如别人生活得好时，会恐惧焦虑、自卑自怜、失落沮丧。而人的欲望一旦被激发，就很难收回，很难得到节制。在攀比“程序”之下，大家都在争分夺秒，生怕错过机会，不断地抓取和追逐。如此，社会也会有更多不安分、不安定、不稳定的因素。

生活当然是需要柴、米、油、盐、酱、醋、茶来维持的，我们首先需要考虑生存，然后才会考虑挖掘和释放自己的潜力。但在依靠自己的劳动和创造，让自己的生存和尊严得到满足之后，我们更应该追求的是精神世界的满足和内在世界的成长，而不应该继续把目光投注在金钱、名望上。

外在的东西，只是维持生命存在的工具，却不是衡量生命品质的标准。只有内在的品质、内在的精神涵养、内在的善意良知，才是生命品质的真正体现。一个人可以在社会中取得成功，创造出巨大的财富、拥有崇高的地位和权力、成为他人艳羡的对象，但这些都是表面的。如果他的内在是干净、纯粹的，是充满爱与温暖的，是对未知充满好奇和探索渴望的，是充满生机和活力的，那么他才是一个真正的成功者。

有些看似已经取得成功的人，其内在却十分空虚，因为他们害怕失去已经得到的金钱、名望、权力，甚至有时只是遭遇一点小小的挫折，就会使其发狂。这种人的内心是充满暴力的，而不是平和的，他们无法停止思虑，永远不知满足。然而，每个人最终都无法带着任何东西离开这个世界，金钱、名望、权力都是过眼云烟，它们不可能被任何一个人所独占。

一个内心富有的人，才是真正拥有财富的人。“心底无私天地宽”，心中没有过多的私欲，怎会患得患失；心中没有过多的贪婪，怎会锱铢必较；心中没有过多的欲望，怎会得寸进尺。

一个内心成功的人，才是真正拥有名望的人。他的内在就像是鸟儿在枝丫上吟唱，就像潺潺溪水不疾不徐地流淌。他视宠辱如花开花落，心境平和；视去留如云卷云舒，淡泊自然。这种人不会通过与他人攀比来定位自己，他们认识自己的方式是看清楚自己是否以最好的方式发挥了自己的潜力。

一个内心强大的人，才是真正拥有权力的人，这个权力来自他的内在，不是从他人处剥夺的，也不是从他人处继承的。他不需要运用权力来支配和操纵别人，不需要通过权力来展现自己凌驾于他人之上的能力，他是真正独立、自由和强大的，他享受独处，不需要别人追捧和阿谀奉承，他所需要的尊严和体面都来自他自己。

在当今社会中，一些人有太多不必要的欲望和野心，他们不是根据自己的生存必需而行动，而是依据与他人的攀比而行动，这就会导致其丧失本性，也会让社会陷入弱肉强食的丛林法则。在弱肉强食的丛林法则之下，为人仁厚被视作愚蠢，工于心计反被视作聪明；勤俭节约不被视作美德，铺张奢靡却被视作荣耀，大家戚戚于贫贱，汲汲于富贵，精神层面的荒漠化日趋严重。在这样的背景下，教育者要教育人们不要用自己的成功“打扰”别人的幸福，也不要因别人的成功“打扰”自己的幸福，要基于自己的实际，脚踏实地地做好自己的本分之事，这才是营造良好社会风气的开端。

2. 错误的教育竞赛“程序”

错误的教育竞赛“程序”会通过奖惩、淘汰等竞争模式，把人变成一个个欲壑难填的“程序运行者”。在这个运行的程序中，大家都要求自己“不能输在起跑线上”，都要“争当第一名”，都追求“更快、更高、更强”，导致教育越来越畸形化、工具化。

然而，能够脱颖而出的人毕竟是少数，绝大多数人只能“泯然众人矣”。这种“程序”最终只能导致社会走向两个方向：一个是成功实现野心的人更多，他们继续为满足自己更大的野心而疯魔，如此持续下去，社会慢慢变为“高内卷社会”，大家都试图向别人证明自己，害怕自己一事无成；另一个是失败者更多，他们妄自菲薄，于是“躺平”“摆烂”，社会随之变为“低欲望社会”，人们不结婚、不生育、不消费，甚至不接受教育，社会逐渐失去活力。

叔本华说：

> 生命是一团欲望，欲望不能满足便痛苦，满足便无聊，人生就在痛苦和无聊之间摇摆。

人的欲望是层出不穷的，一旦被激发出来，便很难被压制下去，且会变得越来越强烈，甚至人会在欲望的驱使之下做出违背原则和道德的事情。

人的欲求就如深谷一样很难填平，即所谓欲壑难填，“人心不足蛇吞象”。对欲求的培植和关注，如同救火投薪、饮鸩止渴。越关注欲求，人越唯利是图、贪得无厌。这种被欲望强化的自我，关注的只有一己之私，而抛弃了生命本身，抛弃了道义和情义。这样的自我是渺小的，不仅让自己受苦，更会负面地影响整个社会。

然而，现在学校教育的培养模式恰恰偏爱培植高自我、高成就欲、高权力欲的人。家庭教育、社会教育也在传递着看重和偏爱获得成就、获得成功、拥有野心的人的信息。大家普遍认为，获得成功是个体奋斗的动力，是推动社会前进的动力，但人们似乎忘记了，过度的欲望只会让人变成“精神残废”，变成成功的奴隶、欲望的仆从，让社会坠入求而不得、贪婪成性的深渊。

相比于追名逐利，能够认可自己的平凡、知足常乐、走好自己人生道路的人的内心才是强大和宁静的。世人都望子成龙，而作为大文豪的苏轼却在《洗儿》中写道：

人皆养子望聪明，
我被聪明误一生。
惟愿孩儿愚且鲁，
无灾无难到公卿。

这首诗反映了苏轼对于人生的思考和总结。对于他来说，生活中那些聪明的人表面光鲜亮丽，内心却承受着各种压力、遭受着各种打击，而自己就是活生生的例子。

古往今来，教人成为一个平凡、知足、平和的人，从未成为教育的目标，也从未成为家庭和社会的目标。我们习惯于教育别人要去争要去取，绝不能不思进取。其实这是一种偏颇的教育观念，人最好的状态是心安神定，是知足常乐，是平和宁静，而不是汲汲营营、惶惶不可终日。

二、自我的本质与教育领导上的曲解

1. 自我的本质

“自我”一词听起来有些抽象。所谓自我，就是只考虑自己，总将自己放在第一位，执着于自己和自己所拥有的东西，依赖于“我”和“我的”而存在。自我的人总是为自身的利害得失考虑，利用一切来为自己服务。自我的运作机制是基于恐惧而形成的自我保护，而这种自我保护并不是适当的，而是过度的。过度自我保护，形成了个体与整体的分裂。

自我的人在乎的是自我价值、自我存在、自我意义、自我感受，并为此而自寻烦恼、自作自受。判断一个人自我的程度，可以看这个人所保护的是他所认为的“我”和“我的”，还是所有人共有的事物，如自由、公平、民主、公正等。自我的人，会把自由、公平、民主、公正等作为其工具，其支持这些价值或者“非我”事物的原因，只是服务于自己的目的和利益。

自我的人受欲望的驱使，在无休止的攀比中，是被动的，是难以获得自由的。正如《被讨厌的勇气》一书中所讲，按照欲望或冲动去生活，就像自斜坡上滚下来的石头一样，这绝不是自由，真正的自由是把滚落下来的石头从下面向上推。

人在各种各样的奖惩、标准、规则的敦促之下，顺着社会安排好的权力、金钱、地位的阶梯努力往上爬，爬得越高，越受人敬仰，自我价值感就会越强，也就更想爬到更高处，直至顶峰。学校、家庭、社会都在教育人要直达顶峰，在有生之年用不懈的努力把自己的天赋、才能、资源等利用到极致。

西方知名心理学家马斯洛的需求层次理论指出，需求等级越高，就越难以满足。从满足生理、安全的需求，再到满足归属和爱的需求，最后到满足尊重、自我实现的需求，人需要一步一步才能登顶。其实，这样的自我实现只能带给人虚假的动力，让人去持续追逐。除了追逐功名利禄，还追逐远方的、未来的快乐，一个人永远无法活在当下，无法安定自己的身心于当下，这样的生命又有何意义？

人们接受的教育大多在传达这样一种信息，即人生如梯、永无止境，需要奋力攀爬，只有站在最高处才能看到最好的风景。每个人都要挑战自己不可逾越的高度，体会自我的最高境界，安于现状则是懒惰和无能的表现，是荒废和虚度人生。于是，人们在这个“爬梯”游戏中越来越上瘾，沉浸于权力、地位、金钱带来的优越感和凌驾于他人之上的乐趣之中而不能自拔。

然而，人的能力有高有低、资源有优有劣、运气有好有坏。有些人特别聪明又特别努力，很擅长“爬梯”游戏；有些人特别笨拙又特别懒惰，不擅长“爬梯”游戏。可是因为大家都接受了这种“爬梯”游戏的合理性，没有任何人质疑，于是这样一个“爬梯”游戏被合理化的社会，正当化了很多并非正当的东西，也合理化了很多不合理的东西。

有人说，人生就像一棵爬满了猴子的大树，当你身处低位往上看的时候，看到的都是屁股，而当你站到足够高的高度往下看的时候，看到的都是笑脸。无论人生上到哪一层台阶，阶下总有人在仰望你，阶上亦有人在俯视你。你抬头自卑，低头自傲，唯有平视，才能看见真正的自己。

对于个体而言，自我的追逐会造成自身急躁冒进、目空一切、苦大仇深的不良心态。那些极少数成功爬上顶峰的人，一时风头无两，不久便会觉得索然无味，想要攀登更高的阶梯，而阶梯就如同人的欲望一样永无止境。这些人要么一生“爬梯”而无法停止执念，要么在反复循环后，觉得百无聊赖、兴味索然，甚至失去生命的动力。另外一部分人，一旦不能在竞争中出彩，就容易贬低自己，因无能为力而产生自卑情结和抑郁情绪，因求而不得而躁动不安、烦恼困惑、妄自菲薄。总之，在自我“爬梯”的游戏中，一个人要么成为受害者，要么成为加害者，抑或二者皆是。

可见，无论是从群体公平、公正、自由、民主的诉求上看，还是从个体“爬梯”的最终结果来看，只要我们继续着

“爬梯”游戏，那么每个人都是不自在的，每个人或多或少都是有些心理问题的；只要我们在这样一个自我架构的“爬梯”游戏中生存、遵循游戏规则，内心就是无法安宁、无法喜悦、无法安定的。

自我的本质是暴力。自我的人很关注别人对自己的评价，希望从别人的认可和关注中汲取优越感、成就感、存在感，这其实也是一种对他人的侵犯，是一种对他人的暴力。正如《被讨厌的勇气》一书中所讲，以自我为中心的人，有一类是残暴蛮横、自私任性、不顾别人感受而只顾自己的如暴君一样的人物；另一类是一味拘泥于他人认可的只关心“我”的人，这类人看似在看着他人，看似竭尽全力地迎合他人，但实际上眼里却只有自己，关注的都是他人如何关注自己、评价自己。这两类人都是不关心他人、仅执着于自己的自我的人。

我们还可以看到，自我的人在看待比自己强的人时的态度与看待比自己差的人时的态度是截然不同的，因为他们无法做到平等、尊重、公平，这就是一种自我暴力。他们试图使自己成为并不太可能成为的那个人，这样只会导致自己更加自卑、不自信。

自我的本质就是丧失人性。在自我的牢笼中，人与人的竞争不断，每个人要么在竞争中得意，要么在竞争中失意，人与人之间、团队与团队之间、组织与组织之间，区别只在于谁更加强大、谁更加弱小。个体之间很难有爱，只有攀比、控制、交易、竞争、征服。

文凭、职业、经济地位、人脉资源，都是自我所依赖的内容。可以说，在自我的框架中，人是有区别的，看一个人不是看这个人本身，而是看加之于这个人身上的身份、地位、财富，每个人的价值都可以用金钱来衡量，都可以被换算成可利用价值。其中隐藏着一种相当可耻的微妙心理，那就是每个人如果不能达到某种成就、某种地位、某种身份，就无法得到他人的尊重。一个人需要用很多外在的东西来装饰自己，否则他就无法以他本来的样子生存下去。在自我的逻辑之下，每个人的做事方式和行为逻辑基本趋同，看起来是在主动做事、主动选择，但实际上都非常被动，人已完全被自我的框架所主导。

2. 自我观与整体观

生命的原动力本应该是生命本身的自然生机和精神上对自由的向往，但现实中，大部分的原动力来源于自我的野心和欲望。自我很大，仿佛整个世界都要围绕自己而转；自我又很小，仿佛物质的东西都远远大过生命。

在自我的世界里，所有的生命被分成了三六九等，人们的精神世界变得荒芜，现实生活中充斥着功利和计较，在这样的环境中谈何尊重生命与生俱来的权利，谈何平等和仁爱？

自我最大的缺陷就是其赤裸裸的索取本质，即对自己的需求过分执着，以自己为中心，不关心他人，只关心外界会给自己什么。自我观就是以自我为中心，以个人的利益得失为半径，念念不忘围绕自己营造圈子，什么都想要，最后往往竹篮打水一场空。

世界是一个整体，如果将自己封闭在一隅，是不能有所成长和发展的。试想，如果一个行业内的每家公司都封闭自己，那么整个行业就是一个功利圈，大家用急功近利、弱肉强食、鼠目寸光、零和游戏的方式抢夺资源，互相为敌，这样整个行业的生态环境只会变得越来越糟，大家的境况都会越变越差。

整体观则是把自己和他人、自己和团队、自己和组织、自己和国家、自己和世界看作一体，以整体的利益为半径画圈子。这样的圈子范围很广，并且可以不断扩大。在这个圈子里，自我忘记了“小我”，想的是他人、是整体，站在他人和整体的角度去考虑问题，那么视野就会无限广阔，发展空间就会无限放大。与此同时，“小我”也得以不断地扩容、不断地增加承载力，变为“大我”。所以我们应该懂得：想让自己更美好一点，想让自己生活的这个世界变得更美好一点，就必须把“对自己的执着”换成“对他人的关心”，把“以自己为中心”换成“以整体为中心”，把“别人 / 世界会给我些什么”换成“我能给别人 / 世界些什么”。

一个人生活在世界上，所要的无非是满足、接纳、爱和自由，当我们把被满足、被接纳、被爱、自由的源头看作别人和外在社会的时候，就会深陷无能为力的状态，变得被动等待、安全感不足，内心充满匮乏感。一个人如果内心匮乏感越来越强，被物驭心，而不能以心驭物，容量和气度就会越来越小，内心承载力就会越来越弱，自我价值感、自我效能感、自我尊重感也就会越来越弱，逐渐失去了对自己生命力量的认可。这种低承载力、低价值感、低自尊会让人觉得自己不配得到爱和接纳，也不能从别人给予的爱和接纳中感受到满足，慢慢地就会丧失关爱他人和给予他人的能力，由此陷入恶性循环。

自我观是一种束缚个体成长和社会发展的无效观念。自我观是本能，是索取和占有，是紧张和担忧，是束缚和无奈，是卑微和无助，是在心灵中种下不自由和不爱的种子，而整体观是智慧，是奉献和温暖，是放松和坦然，是真诚和自由，是在心灵中种下自由和爱的种子。种瓜得瓜，种豆得豆，只知索取和占有别人的人，只能被别人索取和占有；能够给别人自由和爱的人，才能够收获更多的自由和爱。

拥有自我观的人，会因为不成功而纠结，会因为不如别人而压抑，会因为权力而痛苦，活得不自由、不轻松、不透彻；拥有整体观的人，不会因这些外在的东西而紧张不安，不会因为攀比而焦躁忧虑，不会把权钱名利作为包袱背负在自己身上，活得轻松自由、通透明白。

拥有自我观的人无论表现得多么强大，内心都是自卑的，都是不尊重自己的，因为他对自己的尊重是有条件的。“一山还比一山高，强中自有强中手”，在此地“碾压”他人的人，在彼地就会被别人“碾压”。只要一个人抱有自我观，他就会永远践踏自己的生命，永远不会拥有真正的高光时刻。

拥有自我观的人，内心缺乏力量感，处处找认同、处处找认可；拥有整体观的人，内心充满力量，他们不需要别人的爱和接纳来证明自己的价值，只需要活好自己，坚持做适合自己且正确的事情。

自我观是丛林法则、弱肉强食，最终伤害到整体，而整体观是相互依存、互利互益，最终获益的是所有个体。从具有局限性的自我观，走向无局限性的整体观，重塑认知世界，是个体和社会成长的唯一路径。

世界本身就是按照整体观来运行的。以当今世界为例，世界上任何一个国家发生的事，都有可能波及整个世界。各个国家、各个地区如同人的五脏六腑一般，各自运行却无法离开彼此，共同构成一个有机的整体。大家息息相关、荣辱与共。只有每个人都向往和平、心无贪念，世界才会远离纷争，才能实现合作共赢、欣欣向荣。

古语云："人生为棋，走一步看半步必输，走一步看百步必胜。"整体观是有所为、有所不为的大局观，是抓大放小的长期观。拥有整体观的人可以用长远的眼光、坚定的信念，把握关键内核和发展时机，致力于更长期的发展规划和前景，将生活和工作推上一个新的台阶。拥有整体观也就拥有了一种积极的心态，它鞭策着我们走阳关大道，让我们心怀做人的原则、做事的标准，让我们向着更加美好和健康的方向发展。

为了不让社会风气被越来越多的精致利己主义者所败坏，我们的教育绝不应该制造攀比的风气。我们也不应该吹捧竞争性教育，偏爱"第一名""状元""有出息孩子"，鼓吹"不要输在起跑线上”“假期就是弯道超车的时间”“走自己的路，让别人无路可走”“考不上好高中，就考不上好大学，考不上好大学一辈子就完了”，等等。我们要谨言慎行，要谨慎思考上述这些话语所折射出的思想状况可能导致的巨大社会问题。

当每个人都在兜售卓越和成功、每个人都在传销竞争和攀比、每个人都投身其中时，却极少有人认识到这种状况所反映出来的问题。“雪崩的时候，没有一片雪花是无辜的”，只要我们的内心依然充满了对权力、金钱、名望的欲望，充满对他人的关注和比较，只要我们不断灌输野心欲望和竞争赏罚给天真无邪的孩子，我们就不能说这个暴力浮躁的自我世界跟自己毫无关系。尤其是教育领导者，承担的罪责可能更大。只有当每个人都承担起属于自己的那份责任，才能最终消弭这个恶性循环。

每个人都是整体的一个“小分身”，只有每个“小分身”都将自身的光与热贡献给这个世界，这个世界才会变得更好。如果每个“小分身”都在无节制地向整体索取，那么这个整体就会受到伤害，最终每个“小分身”也会受损。因此，整体观是长期观、大局观，是芸芸众生运行的真实底层逻辑，是万事万物运行的门道。

所谓门道，既有门又有道。整体观是解决现代社会问题的门道，能够帮助我们推开问题之门，看见开阔的阳光大道。不在“整体”之上，就会把自己困于自我问题的牢笼之中，如同看不到门之所在而偏要去撞墙，被问题纠缠而无法前进。当下急功近利的自我文化就是钻进了这个套子，它蒙住了很多人的双眼，以至于人们认为这就是世界运行的底层逻辑，而很难发觉其漏洞百出及其造成的恶劣影响。

每个人内心都有一套自己的底层逻辑，其中有些是实事求是的，有些是主观臆断的，有些人把自己装在了狭隘自我的套子里，成为装在套子里的人，而有些人让自己走出来，发现世界之大之美。人们对底层逻辑理解不同，便产生了不同的世界观、人生观、价值观，孰优孰劣，有良知的人都可以做出清晰明确的判断。

胖东来的整体之道

一般商超在经营选址时，会选择区域已经成熟、周边居民消费能力能够与门店配置相对接的地方。然而，胖东来（胖东来商贸集团有限公司）在选址时考虑的只有一条，即所在城市的每一个区域都要尽可能有胖东来的门店，能为这座城市每一个区域的老百姓带来美好生活，能够用胖东来的产品品质影响这个城市，能够用更好的企业标准来推动和引导零售行业向着更加美好的方向发展。

讲究商业价值的零售公司考虑的大多是如何赚钱、如何更迅速地赚大钱，而胖东来的经营理念是让更多的人有对高品质服务的感知、有对美好生活的认知，让更多的人懂得应该怎样活着、应该怎样对待自己，明白工作和生活的每一天都是非常宝贵的，要把自己身上阳光、智慧、美好的一面慢慢释放出来，让自己变得越来越从容、豁达、轻松、平和、健康、浪漫、快乐、富有力量，给自己和社会带来更多美好、温暖的东西，而不是给别人和社会带来烦恼和灾难。

胖东来尊重员工，员工则尊重顾客。胖东来的员工工资高于同行业收入水平，一年40天带薪休假，还有雷打不动的每周二休息日。胖东来始终相信，以最大的善意对待员工，员工才会以最大的善意对待工作，并将善意带给顾客。胖东来传递关爱给员工，员工又把关爱传递给了社会。很多在胖东来购物的顾客说，在胖东来买东西，营业员不是在推荐他们的商品，而是在帮你更省钱地购买你需要的东西。

另外，经营多年的胖东来没有像有些企业那样拼命开连锁店、开加盟店。有些企业家认为“饿死胆小的，撑死胆大的”，因而急躁冒进，不断钻营扩张，以图靠规模和垄断增加利润。这样急功近利、唯利是图者，不会存留为他人着想的善良，不会抑制缺乏敬畏心、放纵欲望的恶念，最终会祸害他人、祸害社会，也祸害自己。

胖东来认为，做企业就是要使自己从虚伪、贪婪、自私、嫉妒、痛苦的文化中走出来，遵从自己内心深处的善意，而不是总抱着某种目的。因此，胖东来进行股权激励，把95%的利润分给了经营者和员工。胖东来认为，做业务不是为了讲价钱、压低成本，而是为了成就高品质产品，让高品质产品的生产者和运输者因为产品的高品质而受益。胖东来这种以人为本的经营理念，以及“商业就是让生活更美好”的经营宗旨，给很多无底线追求利润的商家做出了示范。有好的环境、好的平台、好的经营标准、好的运营体制的企业都是以这种整体观的经营理念来运营的，这样的管理模式使人走出私欲，在奉献中成就自我。

如果教育以个人私欲和追名逐利为底层运作逻辑，就会以丛林竞争、利己主义、利益交换为终极追求。在这种管理逻辑之下，人们一味寻求别人的认可、在意外界的评价，最终就会活在别人的安排下，按照外界的期待去生活，从而舍弃了真正的自己。这种管理逻辑还会使人们的内心经常处于焦虑不安的状态，永远辗转在各种各样的竞争之中；如果竞争失败，则自卑懈怠、自我否定，从而无法自爱，更无法给予爱。这样的学习是狭隘的、紧张的，人们会将学习视为一种“工具”，一种只能让人免于失败的“救赎工具”。

以超越狭隘自我的整体观作为学习的底层逻辑，则是一种通过学习来了解世界、他人和自己，帮助自己也帮助别人的思维。学习只是一种给予爱的“借力”，是为整体尽一份心、出一份力的“渠道”，是让自己开心也让别人开心的行为。这样的学习可以唤醒人们内在的生命力，放开小我的烦恼，发现世界的宽阔，向世界释放自己的光和热。

自利者终失利，自我是如此局限和渺小，注定有其天花板。如果每一个人都自私自利到了极致，这个社会的弱势群体就会失去基本的保障和尊严，社会稳定平衡的生态圈就会遭到破坏。俗话说“有富不可享尽，有势不可使尽”，为人处世不要绝情绝义，凡事要有节有度，为别人着想才是为自己着想，不自私才能成全自私，只有这样，路才能越走越宽广。

老子说：“圣人不积，既以为人，己愈有；既以与人，己愈多。天之道，利而不害；人之道，为而不争。”世人都在拼命为自己积聚财富，而有智慧的圣人从不如此，他尽全力帮助别人，自己反而更加富有，他尽可能给予别人，自己反而拥有更多，因为天道是利物而不害物的，人道是帮助别人而不和别人争夺的。越为别人考虑、慷慨大气，自己愈加富有；越为自己思虑、锱铢必较，自己愈加贫穷。不争抢、不自私、多给予、多帮助，一心一意做好人做好事，反倒会收获良多。

正所谓“得道者多助，失道者寡助”“助人者，人恒助之”，“大道”是利他者终自利，是共享共赢、互惠互利，也是人人为我、我为人人，大家相互成全、彼此贡献。正如稻盛和夫所说：

人应该如何活？人应该持有怎样的心态？这两个问题意义相同。在心中描绘什么，决定了将会度过怎样的人生。拥有纯洁美好的心灵，就能开拓与之相应的丰富、精彩的人生。相反，只要自己好就行、心胸狭窄，甚至只管自己得利，不惜踹落别人，持有这类邪心的人，哪怕获得了一时的成功，最终也必将没落。

看清自我，让内心从狭隘的自我中解脱，让自己真正无拘无束、自由自在，用一份放松与生命同在，用一份自然与生命同行，用一份平和与生命同歌，用一份柔软与生命同舞，这是家庭教育、学校教育、社会教育的发展方向。这不是放纵、不是懒惰，而是走出小我、放下小我，走出欲望和野心的诱惑，还人所本应具有的平静、自由和圆满。

当一个人仍需要解决温饱问题和安全问题的时候，自我是有用处的。这时的自我可以保护自己的生命安全。但当一个人已经不再处于被迫谋生的状态，却依然过多地考虑谋生之路，而不思考立世之道，这时的自我就变成了牢笼。

当我们从小就被自我的文化所笼罩和鼓动，当我们自己也开始努力迎合这种充满野心自我的文化，我们必须认识到自我的负面影响，否则必将无法改变被自我吞噬的结局。

扪心自问，作为一个人，我们想要从生命中得到什么？如果我们的生活已经不再仅限于“求生”这两个字，我们希望从生命中得到什么？肯定不是为了自我的野心而互相残杀，也不是受困于自我的欲求而束缚精神上的丰富，更不是因为自我无法得到满足而心灰意冷、满目疮痍。生命中的爱与自由、喜乐美好才是我们想要从生命中得到的终极的东西。为了物质的东西而过度地付出时间精力，并进行无聊的攀比，绝对是在无谓地浪费自己的生命、践踏自己的自由。只有纯净的精神、简约的生活，才能给自己带来更多自由选择的权利。

依靠自我的逻辑来生活，人的眼界就会受限于小我，人的意识气场就会处于低频状态，人的心智也就只能达到有限的水平。在这样的状态下，人就会想要索取得更多，最终被欲望所操控，被野心所愚弄，从而让自己的生活变得困难重重，也会让社会充满暴力冲突。

生命之大道是与整体合一，是自我与他我合一。大道是向内求，自我是向外求；大道是做自己，自我是做别人；大道是活在当下，自我是活在未来；大道是自然而然，自我是虚伪做作；大道是感恩和知足，自我是匮乏不满；大道是自我消融，自我是小我放大。

3. 教育要呵护和培养放下自我的人

适度的自我可以帮自己找到适合自己的生存空间，但受自我观控制的人，却会成为欲望的囚徒。世界是一个整体，每个人都应该单纯、自然地与他人相处。然而，在充满竞争的环境中，人们看到的、想到的大多是怎样做才能取得更高的成就，怎样做才能出人头地，怎样做才能让他人更加认同自己。

例如，每年高考分数出来之后，社会上充斥着对高分考生的崇拜和追捧，大家纷纷把目光投向所谓的“状元”身上。这种过度强调“一步登天”的社会文化，正在大力助长“成王败寇”的错误价值观，并且给太多人带来巨大且无可挽回的心理伤害。如果这样的教育观念不断深入人心，那么这个社会距离平静安乐就会越来越远。正如卢梭所说：“误用光阴比虚掷光阴损失更大，教育错了的儿童比未受教育的儿童离智慧更远。”

这样的教育环境培养的是追求成功结果的人、奉行丛林法则的人、缺乏安全感并且总是对自己不满意的人，这样的人很难怡然自得，内心难以平静。他们缺乏对自己的爱和尊重，由于自己缺乏发自内心的快乐，所以也缺乏对他人的悲悯，更无法爱敬他人。为什么这个社会越来越“内卷”，为什么我们越来越无法知足？我们必须考虑这背后的原因：我们的教育领导者不够平和、淡定、包容、温暖，我们各个层级的管理评价制度和考核指标非常短视。教师不断地让学生“刷题”，只为自己带的班级在期中、期末考试中取得漂亮的成绩，自己能够得到更多的奖金；学校的管理者不断压缩学生的课余休息时间，只是为了在中考、高考成绩出来时，自己的学校能够榜上有名，自己也能够晋升有望、声名远播。

这些短视行为，牺牲了学生大量自由宝贵的成长时间，影响了学生的身心健康，甚至对学生的创造力和未来成长造成了不可逆的伤害。诸如眼睛近视了、颈椎受损了、生长发育受影响了，甚至心理出现问题了、精神状态变差了，还有无形的东西，诸如学习兴趣没了、生活热情没了、希望破灭了，等等。这些问题谁来负责？最终由谁来承担这些代价呢？

《被讨厌的勇气》一书中指出：

> 如果你拥有甘于平凡的勇气，那么你对世界的看法会截然不同。
>
> 不在于被给予了什么，而在于如何去使用被给予的。
>
> 我们自己禁锢住了自己，不让自己去幸福，我们缺乏获得幸福的勇气。

然而，“我们人类并不是会受原因论所说的精神创伤所摆弄的脆弱存在，从目的论的角度来讲，我们是用自己的手来选择自己的人生和生活方式的，我们有这种力量”。也就是说，我们拥有放下自我、放下小我而成为整体的一部分的力量。我们能够融入整体，成为一个完整的人。一个完整的人平凡、满足、单纯、喜悦，于他而言，生命本身就是莫大的恩典和奇迹。而自我的人，与整体脱离了连接，因充满了痛苦和欲望而内心伤痕累累。

教育不应培养功名利禄的囚徒，不应怂恿人去成为万众仰慕、名扬天下的“大人物”。对“大人物”的不单纯的期许，不过是在喂养自己的野心。教育要使人成为自己。如果自己是平凡的，就去做平凡的自己，享受自己的平凡，这才是真正的非凡。所谓的平凡，不是通过攀比得出的结论，而是自己给自己的定义。教育要使人接纳并享受自己的本来面貌，平静地去了解自己的能力和局限，平和地去尽自己的努力完成自己的本分，让自己的欲望与潜力相匹配，这才是正常的教育。

《道德经》中有言：**“是以圣人终不为大，故能成其大。”**即使是一个不起眼的无名小卒，只要能够内心平静、处世平和、心存感恩，在自己力所能及的范围内经营好自己的生活，就是真正的大成就、大人物。反观一些所谓的大人物，内心充斥着怨尤、势利、傲慢和偏见，虽身居高位，却战战兢兢、汲汲营营，在不停追逐权钱名利中蹉跎时光，此等精神世界空虚、内心不堪重负的人，不过是徒有虚名而已。是不是大人物看的不是外在，而是人的内在。内在的美成就外在的美，内在的宽阔成就外在的大气，内在的平和成就外在的高贵，内在的知足成就外在的优雅。

放下自我的平凡人，并不是因为做不了大人物而选择“退而求其次”，因为他们知道，世间万物都是平凡的，又都是不平凡的。“云在青天水在瓶”，青天之云与瓶中之水，本是同源同根，水无形但可千变万化，它会随情境的变化而改变自己的状态。如果液化倒在瓶中，就会变成瓶的形状；如果汽化飘向天空，就会变成云的形状。放下自我的人不会认为青天之云高不可攀，也不会认为瓶中之水平淡无奇，不过是云聚而成水，水散而化云。不仅云和水本无高下，青天与瓶也本无区别，放下对形状和外在的执着，才能拥有自由。然而，自我的人却作茧自缚，羡慕青天之云，殊不知之所以无法像青天之云那样来去自由，是因为自己的心灵始终跳不出那方狭小的天地。

沃尔特·惠特曼曾说：

从此我不再希求幸福，我自己便是幸福。凡是我遇见的我都喜欢，一切都被接受，一切对我都是可爱的。从此我不再希求好运气，我自己就是好运气，我强壮满足，迈步走上大路。

这段话恰到好处地解释了“知足”的样子。在知足的状态里，人们没有“我拥有得不够多”的匮乏心态，也没有“我想要拥有得更多”的贪婪心态，幸福快乐、爱和自由都可以由自己去定义。不管是正面感受，还是负面感受，都是发源于自己内在的感知，都与自己的内在有着直接关系，都是自己给自己创设出来的。一个人内在的健康状况和精神境界决定了他所感知的生命圆满的程度。

那么，怎样拥有整体观呢？要想拥有整体观，必须注重精神世界的修养。一个人精神空虚，即使腰缠万贯，也不堪其忧；一个人内心富足，即使身居陋室，也不改其乐。凭借攀比和竞争得来的幸福、快乐，一旦出现更厉害的竞争对象，便会瞬间崩塌。只有精神世界变得丰富多彩，幸福才会自然而然地到来。

放下自我的人是自然的人。“自然”的“然”在文言文中是“同意”“认同”的意思，“然”即“这样”，“自然”即我同意我是这样的，我有我的位置，我并不要求超于我之外的东西。放不下“自我”的人，则以小我为中心，得陇望蜀，得寸进尺，希求并不属于自己的东西。放下自我的人是平和知足的，是顺其自然的。放下自我就是懂得分享和爱，一切向内求，而不是去占有资源、利用他人。可以说，自我是谋生之道，而放下自我就是立世之道。

教育领导者要以培养放下自我、知足平和的人为目标。放下自我的人有一颗谦卑、满足的心，这样的人或许不能飞黄腾达、平步青云，却可以拥有平静的内心，活得有尊严、有人情味儿。放下自我的人就像路边绽放的无名小花儿一样，悄无声息地绽放，在释放自己的生命能量的同时，将沁人心脾的芳香献给这个世界。教育者必须对受教育者进行正确的生命教育，即生命的意义不在于生活的物质条件和声誉地位，爱生命本身就是生命的全部价值和意义。

过于执着自我的人，奉行“宁可我负天下人，不可天下人负我”的理念，他们只想攀爬得越来越高，直至碾压他人、俯瞰他人。这或许会让人在物欲横流的世界里成为赢家，但却会在精神世界里输掉自己。

放下自我的人知足平和，即使遭遇黑暗与痛苦，也依然相信善意与美好。过于执着自我的人，永远无法知足，无法找到归属感，无法喜悦自在，不断地与人去攀比、去竞争，虚掷了宝贵的生命。

放下自我的人，是自爱的人，自爱的人更容易感受到平静和放松，更容易体会到生命本身的意义。自爱者必自尊，自尊者必尊人。一个自爱的人，才能爱他人。无论别人与自己的理念、地位等是否相同，他总能坦然接受别人的样子，各美其美、美美与共。放不下自我的人，内心是残缺的，他刻意改变自己，企图去改造他人，无法让自己做自己、让别人做别人。

自我的人得失心重，缺乏爱心和包容心，所以不容易与他人和谐共处。要想知道一个人的精神状态是否健康正常，只要看他的内心是否在经历事情时保持平静，在别人跟他意见相左之时能否包容他人。与他人的关系是一面反映自己内心的镜子。一个人的内心越纯净、越充满了爱意，这个人的人际关系就越和谐。

生命、真情、心灵自由是这个世界上最宝贵的财富。生命如彩虹般斑斓多彩，真情如水晶般通透澄明，心灵自由如雄鹰在碧空中展翅翱翔。没有生命，就没有一切，没有真情的生命，就没有价值，没有心灵自由的生命，就没有意义，这三大财富对于人而言缺一不可。有情有义有心灵自由的生命，是人之所以为人的根本。然而，对执着于自我的人而言，生命与权力相比轻如鸿毛，真情与利益相比不值一提，自由与权势相比微不足道。也正因如此，这些人遵循的准则是“没有永远的情谊，只有永远的利益”“天下熙熙皆为利来，天下攘攘皆为利往”。这种利益至上、泯灭人性的人，最终必然会被名利所害。“功名官爵，货财声色，皆谓之欲，俱可以杀身”，如果我们总是重视身外之物，活得市侩庸俗，便会忽略世间真正的美好，届时人的心灵将会无依无靠、颠沛流离。

放下自我的人是自由的，是给自己自由也给别人自由的，是尊重自己也尊重他人的选择的，而不会去勉强他人，更不会强迫他人按照自己的意愿和意志去行动。放下自我的人是满怀敬畏的，敬畏自己的生命也敬畏他人的生命。因为敬畏生命，所以放下自我的人相信长期主义，他们不会在乎一朝一夕的得失，更不会为了眼前的蝇头小利而抛弃精耕细作。放下自我的人信情义不信名利，信脚踏实地不信投机取巧。

放下自我的人会换位思考，他们从不“双标”，他们奉行“严于律己，宽以待人”，他们懂得“老吾老以及人之老，幼吾幼以及人之幼”。自我的人则私欲太重，他们看人下菜碟，对待不同的人态度截然不同，一边讨厌被贴标签，一边又给别人贴标签，自己不公正地对待别人，当自己被他人区别对待时，却又义愤填膺。

放下自我的人不需要依赖别人的认可来肯定自己，也不需要通过自己的成功来证明自己，他们自己可以给予自己无条件的尊重和接纳，因为他们认为生命本身就无条件地拥有尊严，不需要等待别人来证明。自我的人，在失败时自我贬低、自我怀疑，在成功时高抬自己、小看他人。他们的自我尊重和自我接纳都是有条件的，总是尽可能地向他人展示自己虚假的完美。然而，一个自己都看不起自己的人，如何指望别人看得起自己？

放下自我的人知足平和，这样的人把日子过得有滋有味。这种有滋有味在于：有志于道，所以能够确立生命的目标；有据于德，所以能够找准做事的依据；有依于仁，所以能够理顺待人的态度；有游于艺，所以可以寻求内心的丰盈。有道、有德、有仁、有艺，人的内心就是圆满的，能够享受独处的宁静。执着于自我的人内心是空虚的、孤独的，无道、无德、无仁、无艺，目标缺失、价值虚无、情感匮乏、精神世界荒芜，无法愉快地独处，无法找到自己存在的价值和意义，所以只能用名望、权力、金钱、他人的赞赏等来填补空虚的内心，需要不断地从外界攫取些什么来填补自我。然而，愈是追求事业、财富、人脉，愈是无法治愈内心深处的空洞感，就像握在掌心的沙子，越在意地去握紧它，它就越容易流失。

放下自我的人是与自然一体的。大自然里，山川河流、岩石、海洋、植物、动物，都是自然而然存在的，都是顺应自然的。它们固然不具备改造自然的能力，但是它们没有自我的毛病，它们能单纯地做自己、享受自己，没有一丁点儿的虚伪和粉饰。猫儿惬意地晒着太阳，鸟儿叽叽喳喳地欢唱，植物绿油油地呈现着生机和活力，它们都在单纯地享受着大自然的美好。一些执着于自我的人却变得越来越不自然，如面容要通过整形来给人看、情绪要通过伪装来给人瞧、房子要通过买来给人炫耀、名誉要通过争来给人羡慕等，这些不自然的行为，或许彰显了人们的生活舒适程度和享受程度，但却不能展现作为万物之灵的人所应有的精神状态。在整个自然里，除人之外，其他的生命都臣服于整体，没有表现出任何不自然，只有人无法接纳本然的自己。

放下自我的人能够自由随性地创造自己的生活，总是能从同样的事物中发现不一样的美，不会想要去复制和模仿别人，更不会想要贬低和碾压别人。他们能够坦然地面对成败，因为成功并不是他们的目标，他们只是简单快乐地做自己，拥有做自己的自由。

放下自我的人简简单单就能获得快乐，他们能够享受正在做的事情本身，而不是一边做着事情，一边算计着这个事情将来的结果和未来的利益好处。执着于自我的人的生活状态，取决于他的经验、思考和情绪，取决于他所计算的能够得到的好处和利益，得到了就不珍惜，失去了就充满挫败感。慢慢地，他的生活就变成不断重复的机械化程序。与之相应地，其快乐的阈值也越来越高，需要付出越来越大的代价才能获得快乐的体验。总之，做一个放下自我的人有很多好处。而自我的“玩家”体验会越来越差，“玩家”自己也会越来越敷衍。

最后，当一个人能够放下自我的时候，就可以成为实至名归的真正大人物。这样的大人物心量大、志气大、眼光大、能力大、胆识大、悲愿大。所谓心量大，即心量能包容他人；所谓志气大，即“先天下之忧而忧，后天下之乐而乐”，能以拯救天下苍生为己任；所谓眼光大，即宇宙万物都在他的眼中，芸芸众生的苦难和需要都在他的心里；所谓能力大，即有能力也有意愿担救苦救难之责；所谓胆识大，即每当危难之际，敢于不计自身安危站出来做中流砥柱；所谓悲愿大，即哪怕身为普通人所赚无几，但国难当头，捐钱救国也不落人后，即使作为平凡老百姓，逢人灾难也必施以援手。这样的人才是实至名归的大人物，我们的教育要培养的也正是这样的人。

三、活在当下的艺术与教育领导

我们的教育不应该教导人去成为别人，不应该教导人去证明自己比别人更优秀，不应该教导人去凌驾于别人之上。我们的教育不应该用野心的自我去束缚人在精神上、人格上、思想上的自由，不应该使人沦陷于欲望禁锢的自我漩涡中而无法得到解脱。

自我的不断膨胀，会造成个人精神上的紧张恐惧，也会让社会处处充斥着群体性焦虑。不成功的人一直在挣扎着努力去成功，成功的人则一直担忧着下一秒就被别人拉下成功的宝座。如果任由自我不断膨胀，每个人都只能持续地追逐欲望和体验挫败。

自我给人带来内心的自卑、创伤。一个被教导要成为别人的人无法敬重自己，无法与自己和谐相处。自己做孩子时，被家长用“别人家的孩子”刺激着，在与“别人家的孩子”的比较中伤痕累累地长大，父母比较得越狠，孩子受伤得越深。等到自己做父母时，又开始拿自己家的孩子跟“别人家的孩子”做比较，力争让其超过“别人家的孩子”。这样的人一生都有一个无法战胜的敌人，那就是“别人”。只有不羡慕别人的优秀，也不看轻自己的人，才能找到真正属于自己的位置。

自我给社会带来的也是一种创伤。自我会造成破坏性的集体竞争和集体焦虑，导致普遍的内卷和争夺，且这样的破坏性态势会不断延伸至更细微的角落。所有人都忙于抢夺稀缺权利资源、稀缺商业资源、稀缺教育资源、稀缺医疗资源、稀缺人力资源、稀缺能源资源，以使自我更为强大。为了抢夺这些稀缺资源，人们最终无视和牺牲了公平、正义和人性。那么，怎样才能让人摆脱自我的束缚？其关键就是掌握活在当下的艺术。

1. 活在当下的艺术

人生是由一系列瞬间组成的。心理学家阿尔弗雷德·阿德勒指出，人生是“现在”这一瞬间的连续，我们只能活在“此时此刻”，我们的人生只存在于“瞬间”之中。那些成功实现人生目标的人，在人生的每一个瞬间都活在“此时此刻”，就像是在每一个瞬间不停地旋转起舞，只要在跳着舞的“此时此刻”从容不迫，就已经足够。在这舞动的人生中，跳舞本身就是目的，最终会跳到哪里，谁都不知道。当然，人最终一定会到达某个地方。因为一直在跳动，所以不会停在原地，但并不存在目的地。真正的人生不是看结果的，而是看过程的。人既不需要看过去，也不需要看未来，只需要从容不迫、有条不紊、毫不动摇地过好每一个当下。没必要与谁竞争，也不需要有具体的目的地，只要走着、体验着、经历着，就是有意义的。

活在当下是无形的，却能够爆发出强大的力量。活在当下是一种智慧的生产力，它能够超脱客观条件、外在际遇的束缚，呈现出光明、鲜活、美丽、和谐的内在世界，而内在世界的样子最终会反映在外在世界之中。

活在当下，就是把心安放在当下，不带有任何目的地活在此时此地，不跟自己较劲，也不跟别人较劲，全心全意接纳和允许当下的一切。活在当下，就是无论之前的人生发生过什么，都对今后的人生没有影响，决定自己人生的是活在此时此地的自己。

老子说：“知足者富。”莎士比亚也说过类似的话：“贫穷而知足就是富足。”生命的意义不是为了外在的富足而日夜追逐，不是为了填补欲壑而全然放弃当下的喜悦自在。活在当下可以让人知足常乐，人因为知足常乐而平静安详，更富有爱心和慈悲之心，也正因为如此，活在当下可以让社会更适宜生活，可以让人不那么贪婪、不那么复杂、不那么挣扎、不那么沉重。

活在当下，人更容易知道自己什么事能做、什么事不能做，把当下能做的事做好，不为未发生的事情担忧，不为未来焦虑。对未来真正的慷慨，是把一切都献给现在；对过去真正的宽恕，是把一切都献给当下。不要期盼用现在的委屈，换取未来的回报；不要期盼用现在的牺牲，换取未来的安宁。

对人生起决定作用的，既不是昨天也不是明天，而是“此时此刻”，过去发生了什么与“此时此刻”没有任何关系，未来会如何也不是“此时此刻”要考虑的问题。过去、现在、未来并不是一条直线，不要把“此时此刻”看成未来的准备阶段和忍耐阶段，不要为了未来而让当下变得枯燥乏味。

没有活在当下的自我总是拒绝接受现在的处境，并批判自己在现有处境中抱着安逸自在的状态，甚至总是想要去改变自己、改变别人、改变世界。其实，活在当下的艺术就是珍惜和利用好当下自己所拥有的东西，而不是觊觎着自己还没有拥有的东西。活在当下，就是专注于眼前的一事一物，就是在自己有限的经验、有限的才能、有限的金钱和资源之下，采取务实的行动，把自己有限的时间和精力投入每一个当下的行动中。

执着于自我的人总是让自己延迟满足，而不会放松和享受当下。他们总是在期盼未来某一天得到了什么或者完成了什么，就可以享受生活了。但是，“明日复明日，明日何其多。我生待明日，万事成蹉跎”，欲壑难填的自我使所谓的明天永远不会到来。

昨日的阴雨，淋不湿今天的行装；明日的太阳，晒不干今天的衣裳。今时今日才是我们生命中最重要的一天。“岁月已往者不可复，未来者不可期，见在者不可失”，已经过去的岁月不可能再回来，尚未到来的日子也不用一味等待，只有现在的时光一定不能失去。人不能沉溺于对过去的追悔和对未来的期待，而要抓住当下。只有不畏将来、不念过往，身心才能安好。

活在当下，就是把精力聚焦于眼前的一件事，只专注于眼前，不批判过去，也不纠结未来。活在当下，就是热爱生命。过去不可追，未来不可期，人所拥有的只有当下，丢掉了每一个当下，就是丢掉了生命。

当然，沉溺的状态不是活在当下。“今朝有酒今朝醉”就是一种沉溺的状态，看似洒脱，背后却隐藏着过去的失意落寞和悲伤无奈，也有对未来的担忧和恐惧。与沉溺相反的状态是压抑，压抑的状态也不是活在当下。压抑是所想非所做，完全以结果为导向、为结果而做，为了未来而牺牲现在，不能从所做的事情中获得乐趣。

活在当下是一种安逸、解脱的状态，人在这种状态下能够全心全意地完成目前所做的事。如果感到快乐和幸福，则“不乱于心，不困于情。不畏将来，不念过往”；如果感受到痛苦和悲伤，那么就让心静下来，顺其自然，踏实过好当下。这样一来，内心就会渐渐清明。

2. 教育领导与活在当下的艺术：正念领导力

当代西方管理理论家提出了正念领导力、正念型领导等前沿性管理概念。正念型领导是指站在一个无我的角度对问题的本源进行分析，通过排除自我对于决策的影响，提升决策的理性程度。正念对于解决“自我”带来的工作上、生活上的烦恼和身心束缚问题具有极大价值，值得教育领导者借鉴和学习。

所谓正念，即懂得自知、自觉、自省、自察。它以一种观察者和旁观者的方式来觉察，通过有意识地觉察（on purpose）、活在当下（in the present moment）及不评判（nonjudgementally）而升起内在的觉知，来洞悉生命真相，解脱身心束缚，找到与生俱来的心灵自由。正念能带来内心平静、自我认识清晰、专注力倍增、创造力加强、洞察力敏锐、身心健康、幸福感提升等益处。

人生如戏，戏如人生。我们既要入戏，全情投入自己的人生，认真活出自己的人生，也要时不时地以旁观者和观察者的视角来自知自省，即所谓的“抽离”。抽离是一种解决问题的奇妙方式。没有问题时，认真入戏，活出自己的精彩；遇到问题时，抽离出来，让自己从小我中跳脱出来，再来解决问题。

“不识庐山真面目，只缘身在此山中。”人之所以不能看清楚庐山的真面目，是因为没有爬到山顶。爬到山顶的人已经看到了一路走来的风景，而且可以俯瞰山下，看清山的全貌。那些站在山下或者爬到山腰的人，无法看到整体，其认知自然有一定的局限性。如果太过拘泥于一个问题，就不能客观地看待问题，且由于注入太多的自我执念和障碍，无法看清楚问题，无法超越问题本身。

换句话说，有些问题其实是把自我受限的视野聚焦在某些感受和念头上，并下意识地把这些感受和念头当成真实的存在，而无法体验到自己已经受到限制的事实。这是“自我”被问题所困造成的，而不是真的存在问题。当自己以旁观者和观察者的视角重新观照问题的时候，就解决了“自我”提出的问题。

“旁观者清，当局者迷。”作为旁观者看待别人的事，会认为只要按事理去做就可以了，而一旦到了自己的事情上，人的私欲总是期望更有利于自己的事情发生，自然患得患失、乱了方寸，而无法客观、理性地解决问题。当问题与自我之间有了一定的距离，人对问题有了一定的了解，自然可以洞彻问题真相，顺利解决问题。所以说，置身事外可以保持清醒，不会受到主观认知的局限，不会受到利益和情绪的干扰，从而可以客观全面地看待问题、化解问题。

人的心思常常不在他们所正在进行的事情上，而是以一种惯性的自动驾驶模式运行。这种惯性状态常造成低效，并带来焦虑。正念训练把思维从惯性的走神中一次次拉回来，使人忘掉外在的世界，释放头脑中喧闹的杂音，解除内在的限制，直至达到无我的状态。

觉察别人是容易的，觉察自己是困难的。我们可以很容易地发现别人的问题，看到别人的精神状态，但是要觉察自己、提醒自己、破除自己的执念却很困难。而解决这些问题，正是正念的意义和价值。正念觉察类似“吾日三省吾身”，人在反省中学会反思自己，既能更好地总结过去，也能更好地明确以后的目标。善于反省和反思的人，才可能遇事不抱怨、犯错不推脱，在逆境中吸取教训，在顺境中积累经验，这对于领导者而言是格外重要的。

正念还可通过训练“不评判”的思维方式来提升我们对待问题的开放度。日常中，我们难免会依据自己过去的经验和认知看待自己、他人和事物，而先入为主、刻板印象等，容易造成管理者过度努力或者决策失误。正念能够帮助我们以不评判的方式对问题加以关注，摆脱惯性认知的影响，保持开放、好奇、友善、清净无为的态度。

正念的觉察和不评判相当于认知疗法，使人观照自己的内心，改变自己的观念，而观念一变，其相应的一切皆可改变。正念就是正见，其会帮助我们看见自己的认识或观念，并且明确哪些是自利或利他的，哪些是对自己和他人皆无益的。正念有助于我们清除自我的偏执和虚妄，从而让自己更有定力、更专注、更有智慧。

正念讲求全心全意、不加评判地沉浸于当下自身的状态和行为，感知周围正在发生的一切，并接纳它们。正念的觉察具有减压和戒除成瘾行为的作用。人的自我欲念让人总是处于频繁的“动态”之中，相对地，“静态”的时间就越来越少。白天疲于奔命、患得患失，到了夜晚，头脑还在继续思考，过分的“动”让人的内心填满了不必要的垃圾信息，给人带来莫大的身心压力。正念冥想练习，可以让人的头脑慢慢放松，让身心回到“无为”的状态，清除头脑中无用的负荷，放空头脑，止息妄想，让人享受“采菊东篱下，悠然见南山”的浑然忘我之境，体味“回首向来萧瑟处，归去，也无风雨也无晴”的达观情怀，从而时时刻刻感受到心灵的自由。

现代人过于关注“动”而忽视“静”，过于关注向外看，而忽略向内看，在不断竞争中丧失了自己的平静。古人言“**知止而后有定，定而后能静，静而后能安，安而后能虑，虑而后能得**”，在喧嚣的尘世中，维持内心的宁静，“定静安”方能“虑得”，无法定心、静心、安心，就无法发掘自己的潜能，只能徒劳无功地让自己身心俱疲、不断内耗。

具有正念的领导则具有很强的觉察力，常把自己置于观察者的位置来体验内外部的事件，从而能在不同环境中保持清醒和平静，更容易形成洞见，进而能从内而外地激励和赋能他人，产生引领作用。具有正念的领导还具有内省、真实、纯粹、专心、开放、谦逊、仁爱、包容等品质。为什么会如此呢？因为好的内心状态，可以带来更好的生产力和更大的创造力。好的内心状态，就是指我们拥有了完整的内心世界，没有自卑也没有自满，不争强好胜也不甘拜下风，其实也就是拥有了平和心。当一个人把自我放下，内心平静、和谐，那么其所处理的事务和关系也就清晰明了了，处理的过程也就轻松和谐了，如此方可进入良性循环。反之，当一个人不放下自我，内心状态越差，他所处理的人事物的关系也就越混乱，实现目标的过程也就越困难。

总之，正念对教育领导者表现出四个方面的意义和价值。

第一，使人强化自我觉察能力。不愿意花时间自我觉察的教育领导者，在权力、金钱和声誉这些外部奖励面前容易受到诱惑。另外，还有一部分人则为了在他人面前保持虚假的完美形象，而不能接受自己的瑕疵，也不愿意承认自己所犯的错误。

第二，激发人的潜意识思考。教育领导者通过练习正念冥想，慢慢让自己有了一些“止”和“定”的状态。这样，潜意识思考就容易被激活，从而使人越来越能洞察自己、他人和世界，更容易获得创新性想法。

第三，使人找到自己的使命。教育领导者需要在正念冥想练习中不断倾听内心，了解自己的使命，不受外界干扰，抵挡住各种诱惑，更加专注地实现自己的使命。

第四，使人认识自己、接纳自己、学会爱自己，进而极大地增强人的自我领导力，从根本上引导和管理好潜意识，使人平静、踏实地做好当下的工作。不会领导自己的人，也就不能从根本上去影响和领导他人。我们对自己的理解和认识越全面、越深刻，越能推己及人、了解他人所想，也就越容易知道如何更好地影响和引领他人。

任何一位领导者在其向卓越领导发展的路途中，最大的瓶颈都存在于领导者自身。普通领导者多用自我、本能、心智模式来思考，而很少用旁观者、觉察者、潜意识模式来思考。用自我、本能、心智模式来思考，只能囿于现实境况协调矛盾，尽可能地寻找权宜之计，这是较为低级的决策者常见行为模式。正念可以很好地帮助领导者提升领导力，实现价值观、生命状态的转变和升级。

第二章

人的成熟与教育领导

一、成熟的真相

人成长的过程就是走向成熟的过程。成熟是很常见的评价人的标准之一。很多人用思想成熟度、行为成熟度来判断他人的可靠程度和潜在价值，同时也有意识地对自我认知、自我行为进行“成熟”构建，主观上倾向于全面呈现和塑造自己的成熟形象来营销自己。

成熟形象与什么相关呢？成功就是成熟吗？不轻易流露情绪就是成熟吗？有礼貌、情商高、老成持重就是成熟吗？衣着光鲜、装饰得体的人就是成熟的人吗？升官发财的人就是成熟的人吗？前呼后拥、获得他人赞美的人就是成熟的人吗？博古通今、博览群书的人就是成熟的人吗？在觥筹交错间左右逢源的人就是成熟的人吗？

其实，这些外在的标签并不等同于成熟，因为外在的东西很难一概而论，每个人的家庭情况和社会背景不同，无法用一个统一的外在标准来衡量。应该说，人这一辈子成熟与否，不取决于年龄、学历、家庭背景、社会经济地位，而取决于人的精神状态。成熟是内在标准，而非外在标准。

成熟是内在的，是一个人内在的理性、德性和个性。成熟能够反映出一个人思想的觉醒和内心的光明程度。不成熟，是一种精神的沉沦、衰落。所谓有理性的成熟，是指人能够认清自己，不偏执、无执念，并能够坚守住自己，不会在外部评价中看不清真正的自己、失去内心的定性；所谓有德性的成熟，是指人内心世界平和安定，对名利的追求适可而止，内心强大到足以支撑自己面对困境、面对挫折、面对不如意，能够从内在为自己提供源源不断的能量；所谓有个性的成熟，是指真正成熟的人都是有个性的人。成熟的人不轻易妥协，不轻易放弃，不盲目追随，不迎合他人。许多人所谓的成熟，不过是被世俗磨去了棱角，变得世故而实际了，其实那并不是成熟，而是精神的早衰和个性的消亡。真正的成熟，应当是独特个性的形成、真实自我的发现，是一个人精神上的结果和丰收。

教育的最终目的是培养成熟的人。成熟的人越多，社会中的摩擦就越少，人际关系和利益关系就更为有序。对个人而言，做一个成熟的人，与自己的亲友、同事的关系会更顺畅和谐，围绕自身建构的亲密关系、情感关系、利益关系也更自然。自身成熟，意味着拥有健康的身心，一个拥有健康身心的人身处于社会，才可以在人生不同阶段顺利通过情感问题、金钱问题、健康问题的考验，而不至于在人生的各种关卡中受阻。

我们接受的教育，在很大程度上决定着我们如何看待自己与他人的情感和利益关系、如何看待自己与世界的关系，这些隐藏的意识和观念决定了我们看待世界的眼光和眼界。

成熟的人对待自己和他人的态度和方式是内外一致的，他们在处理社会关系时，可以不被金钱、情感等问题卡住，可以坦然面对。不成熟的人，对往事无法释怀，对未来无法坦然，无法找到自己本来的样子，沉溺于情感、金钱等问题而不能自拔。

成为成熟的人，是人生的重要目标之一。那么，成熟到底如何定义？人能不能通过接受教育了解何谓成熟、变得成熟？学校能不能培养出成熟的人？学校怎么做才能培养出成熟的人？对这些话题的思考和讨论越早进行越好。可惜，现实中的学校教育，在成熟的人应该是什么样的、为什么这样才是成熟等问题上，所给予的关注非常不够。学校教育的注意力集中在传授考试知识、提高考试成绩和实现升学就业上，知识性的学习和模式化的考试挤占了学生太多独立思考的时间，考试竞争的高压力更是让学生离充满人情味儿的生活越来越远。

学校虽开设了思想品德、心理健康教育等课程，每周还会举行班会，但这也仅限于帮助学生解决一些学习和交往道路上遇到的问题。另外，这些泛泛的心理品德教育，大多是虚无缥缈的理论，很难让学生亲身领会其中与自己的人生相联系的生活道理和生活智慧，以及其背后的原因及本质。

学校教育应该传授学生人生中必须了解的最基本的底层逻辑、生活道理，包括如何生活、什么样的生活适合自己、自己适合做什么工作、如何看待金钱、如何为人处世、如何与异性交往、如何管理自己的健康、如何领导好自己的家庭、如何找到适合自己的工作领域和学习方式等。这些有关生活工作各方面的话题，都需要在受教育阶段通过开展多种活动展开深入思考和讨论交流，为学生将来进入社会成为一个具有远见卓识的成熟的人做好铺垫、打好基础。

总之，有关成熟的话题和对成熟的人的培养，应该是教育领导领域需要关注、研究和完善的。一名教育领导者，自己须是一个成熟的人，能够对大家起到表率、示范的作用，这应该是每一名教育领导者的基本素养。成熟的教育领导者，还应该能够帮助别人逐渐成为一个成熟的人，这应该是每一位教育领导者的使命和责任。而所谓的成熟教育并非通过压抑人、规训人、惩戒人来成就。成熟的教育是帮助生命舒展开来的教育，在生命不断展开的过程中，让人少一些心理上的自我设限、少一些精神上的自我限制，多一些升华超越、多一些自然而然，如此方能成就一个个成熟的人。

1. 不成熟的人

不成熟的人可以分两类，一类是一看就不成熟的人，另一类是看起来成熟的人。一个人看起来很成熟，很适应社会上的人情世故，这种成熟其实是一种麻木迟钝的、表面上看起来的成熟。这种表面上看起来的成熟又可以分成两种极端。

一种极端是过于老成。这种表面上看起来成熟的人，历经沧桑却没有收获期望的回报，在经历了人心的叵测和生活的欺骗后，心渐渐变得冷硬、封闭，使别人很难窥见其内心深处的想法。这是一种肤浅的成熟，并不是真正的、内心安宁的成熟。这种成熟的背后隐藏着恐惧或厌弃，看似坚不可摧，实则内心迷茫，依然充满了欲望和渴求。

另一种极端是过于灵活。这种人被生活磨去了棱角，变得玩世不恭。他在饱经沧桑之后，变得随波逐流，总是和稀泥，对待任何问题都抱着事不关己、高高挂起的态度，没有胆量直面问题，不愿质疑和批判，总是亦步亦趋、人云亦云。

不成熟的人，要么内心过于僵硬，将生命归于虚无，缺少了几分柔软；要么内心过于软弱，将生命归于沉沦，缺少了几分骨气。真正成熟的人刚柔相济，“心有猛虎，细嗅蔷薇”“知否兴风狂啸者，回眸时看小於菟”“既有菩萨心肠，也有金刚手段”。成熟的人是懂爱的人，他们有豪气、勇气和担当，同时也能表现出温暖、柔情和细腻。失去任何一面，都是残缺的、失衡的，都是不成熟的。

表面成熟的人看见世间的罪恶不会愤怒，看见世间的美好不会感动。真正成熟的人，内心既柔软又坚强，既温和又强大。他们热爱生活，带着真心诚意，保持着乐观豁达的心态，眼中有星辰大海，心中有繁花似锦，虽历尽千帆，归来依然是少年，洗尽铅华后依旧拥有赤子之心。成熟的人对经历过的挫折与荣耀、苦难与幸福都能释怀，不会被黑暗的深潭吞噬，甚至可以达到“无我之境”。

成熟的人能够努力做好自己力所能及的事情，不艳羡别人，也不看轻别人，本分自然、踏踏实实地活在当下，专注于自己的生活，坚守自己的信念，认认真真地过好属于自己的每时每刻。

在成长的道路上，成熟的人能够很快找准自己的位置，明确适合自己的目标，进而自觉自愿地承担相应的责任，并从中体会到喜悦和自身的价值，且在完成自己设定目标的过程中，能够适时进行相应的身心调整。不成熟的人无法明确知道自己想要什么，总是活在别人的期待中，听他人的意见去行事，不能做真正的自己。

成熟的人既踏实、稳定，又能对一切充满好奇；成熟的人，既温和又有原则，在原则上保持坚韧，在待人上温暖如春。成熟的人心存温柔，内有力量。不成熟的人则容易走极端，非此即彼，泥古不化。不成熟的人难以意识到自己的缺点和不足，即使意识到也不愿意改变，不仅不愿意改变自己，还总是想着改变别人。事实上，人只有在改变自己时，才能对别人产生强大的影响力，否则只能导致各种关系出现诸多问题，如过度依赖他人而让他人避而远之、过度自我孤立而难以合群、过度热情而给他人增加负担，或者过度算计招致他人嫌弃等。

2. 成熟的人

成熟的人是真实的人。那些表面成熟的人，看起来温和大度、能为他人着想，实际上只是做样子给别人看，只是表现出社会舆论和社会规范要求的“成熟”，所以不得不替别人着想，不得不表现得大度，但这并不一定是出于本心。

真正的成熟反而是世俗眼光中所谓的不成熟。真正成熟的人是那些不懂人情世故的、天真烂漫的人，是那些历尽千帆，归来仍有赤子之心的真诚纯粹的人，是那些没有任何根据，抱着乐观信心，全无防备在路上阔步而行的热诚淳朴的人，是那些“生活虐我千万遍，我待生活如初恋”的人，是即使经历苦难也初心不改、即使遭受欺骗也真诚对待他人的人。

成熟的人是有内在光明的人。他们能够从自己的内在汲取力量，从不在乎外在的奖励，而是关注自己内心深处的渴望和热爱。凡是需要依赖他人的认同而找到价值感的人，也会因为他人的不认同而失去价值感；凡是需要与他人做比较从而找到满足感的人，也会因为与他人做比较而很轻易地失去满足感。

成熟的人，不会怨天尤人，只会感受到来自内在的源源不断的感恩，感受到自己的生命来自无数他人和整体存在的滋养，感受到自己生命的丰盈来自整体的繁盛，成熟的人因此懂得把自己的生命意义和他人的生命意义结合起来，懂得用利他之心为自己打开广阔的人生。成熟的人对外表现出的是一种内心世界的和谐、坦荡和温暖，展现了内部精神世界的从容和清明。

成熟的人不会推卸责任，他们相信自己才是自己命运的主人，相信自己是这个世界上对自己拥有绝对权力的人。成熟的人会自己选择和决定自己的人生道路，并为自己的决定和选择负起责任。成熟的人不会模仿别人，不会害怕被别人误解，不会害怕被别人讨厌，不会害怕被别人打击，他们只会想弄清楚自己是否以最好的方式奉献了自己的绵薄之力。

成熟的人有自己内在的原则。成熟不在于待人接物的形式多有分寸、多有礼貌，不依据外在的道德标准和规范要求而行动，而是依据自己内在的原则而行动。成熟的人总是让自己的内在持续成长，很少受到别人的影响和外界的控制，因为他们不需要依赖别人来引领自己，不需要别人为自己做出决策和决定。成熟的人是强大的、自主的、独立的、自由的，同时是有温度、有情怀的，他们的内心对他人有深切的关怀，能够换位思考，并对自己有清醒的认知。成熟的人属于他自己，他的生活不会被他人干扰，他也不会去干扰别人的生活。

成熟的人善于认识自己，能够呈现出无拘无束的真实状态，而不会维持虚假的完美给别人看。人最大的限制来自内心。不成熟的人总是受限于自己的认知，成熟的人则懂得不断打破内心的限制，不断审视自己、剖析自己、突破自己。只有打破内心的限制，才能改变自己的惯性行为，才能把原来限制自己的拦路石变成垫脚石，把横亘在自己面前的困难变成脚下前进的阶梯。

成熟的人无论境遇如何，依然保持自己本来的样子。成熟的人对他人没有怨怼，对自己也不会吹毛求疵。他们渴望拥有一份美好的感情，却不执着；他们喜欢权钱名利，却不贪婪；他们不会“恨人有笑人无”，也不会苛求自己；他们懂得自我接纳、自我认可，始终能保持生命的鲜活和喜乐。泰戈尔在《生如夏花》中写道：

> 我相信自己，生来如同璀璨的夏日之花，不凋不败，妖冶如火，承受心跳的负荷和呼吸的累赘，乐此不疲。

成熟的人即如此，他们始终保持内心的富足与灵动，永葆心灵的青春年少。

成熟的人热烈地拥抱自己平凡的生活，热情地创造属于自己的幸福。缺乏鲜活喜乐的成熟是老态龙钟、毫无生气的，如同荒芜的土地缺少了雨水的浇灌一样，丢失了生命本有的鲜活和生气。正所谓“君子坦荡荡，小人长戚戚”，君子处世明达清晰，而小人却常常忧虑惊惧，活在混乱之中、活在颠倒思维的禁锢之中。

成熟的人随时随地都乐意选择自由和快乐，为自己和他人展现生命的精彩和活力。哈罗德·惠特曼说过这样一段话：

> 不要问自己，这个世界需要什么。问问自己，什么会使你鲜活起来，然后去做这些事情。因为这个世界需要的，就是充满生命力的人。

如果每个人都能体验到自己内在的鲜活和喜乐，就能更加尊重自己、关爱自己，也自然而然地更加尊重他人、关爱他人。

成熟的人的内心世界很强大，他们对自己和世界都有足够的理解能力、认知能力和改变能力。成熟的人内心世界很广阔，所以他们精神纯净、生活朴实，且能做到自主和自律。不成熟的人将自己闭锁在自己的小世界中，固化自己的思想意识，固执地坚持自己的认知，所以对自己和世界的认知存有狭隘的私心私欲。可以说，贫穷限制了人的想象力，精神的贫穷和内心世界的狭隘限制了不成熟的人的想象力和改变自己的能力。

成熟的人是尊重自己、尊重别人的人，他们既不会放纵自己的欲望而被外界异化为“工具”，也不会把其他人当作“工具”。在他们的眼里，人永远是目的，绝不是手段。

成熟的人永远选择走阳关大道，绝不会选择走捷径、抄近道，更不会走歪门邪道。他们做人做事脚踏实地，永远堂堂正正地去做事。在充满困难、阻碍的漫长时光中摸着自己的良心、胸怀足够的勇气，不因眼前利益丧失自己的信念和追求，不因挫折自哀自怜、自怨自艾，不断探索自我、超越自我，从而走向成熟。

成熟的人信奉长期主义，他们相信贪便图快、投机取巧的门路，走的恰恰是心灵的弯路，正确的事情总是需要时间来给我们答案。把挫折经历当作道场，把曲折体验当作菩提，不断拓展自己的能力边界，能够做自己命运的主人、做自己心灵的船长的人，才是真正成熟的人。

二、不成熟的人与教育领导上的缺失

教育人成为一个成熟的人，教育人以成熟的态度应对和解决生活中的诸多烦恼，这应该是教育的职责所在。如果教育在这些方面有所缺失，那就大大地“失职”了。什么样的教育无法培养成熟的人？缺失平等和尊重、自爱和爱人、欢喜和自在、探究和批判、真诚和纯粹的教育，无法培养成熟的人。

1. 缺失平等尊重的教育造就不成熟的人

有些不成熟的人经常把自己放到较低的位置上，把自己手中的权力拱手交到别人的手里，希望通过迎合和讨好得到别人的认可和赞赏，失去了自己本来应该拥有的思考主权和行动力量；还有些不成熟的人把自己放到较高的位置上，霸道地剥夺别人的自由和尊严，对别人的事情横加干涉、指手画脚。上述两种对待他人的方式都是不成熟的表现。

阿尔弗雷德·阿德勒的个体心理学有“课题分离”的概念，即“要把自己的课题与别人的课题分离开来，既不要对别人的课题妄加干涉，也不要允许别人妄加干涉自己的课题”。《被讨厌的勇气》中也有类似的话：

是否信任别人，这是你的课题；别人如何对待你的信任，那就是对方的课题了。如果不分清界限，而把自己的希望强加给别人的话，那就变成粗暴的干涉了。当对方不如自己所愿，自己是否依然能够给予别人信任和爱，这些都是自己的课题，而不是别人的课题。

也就是说，当我信任你，是我自己决定用信任的态度和行为来对待你的，至于你是否感谢我的信任，或者你是如何对待我的信任的，都不是我可以左右的，也不需要我来评判，因为这些是你的课题，不是我的课题。分清楚事情的责任、归属，才能做到平等相待。即使是帮助别人、辅助和引导别人，也同样适用此原则。正如一句谚语所讲：“你可以把马带到水边，但不能强迫其喝水。”

平等是人与人的相处之道，干涉或者担负别人的课题会让自己的人生沉重而痛苦，让别人干涉或者担负属于自己的课题则会让自己无法成长且丧失尊严。人各自有各自的自由和尊严，如果相互没有责任和权利，就要做到互不干涉；如果有共享责任和风险的情况，那么就要讲清楚利益如何共享、风险如何共担，或者口头约定，或者提前拟定契约，把责、权、利约定清楚，做到规则在前、情义在后。

严重缺乏平等、尊重观念的人，很容易成为不尊重自己和不尊重他人的人。这种平等观念的缺乏，在基础教育中是有所表现的。2021 年，北京某小学的新年联欢会上，一个女生在其他同学表演节目时捂住耳朵，老师训斥该学生：“你怎么这么讨厌？”“你是想让全班同学都讨厌你是吗？”紧接着，全班同学乱作一团，指责女生在“耽误大家的时间”。在这个事件中，该教师霸道地剥夺了捂耳朵女生的自由和尊严，毫无尊重、毫无平等可言。无知的同学们则完全以教师为中心，完全服从教师的意志，丧失了自己的独立思考能力，集体迎合教师的指责，不管不顾地攻击捂耳朵的女生。在这样缺失平等和尊重的教育环境中，很难成长出成熟的人。

孩子们从开始上学就被家人教导说“到学校要听老师的话”，没有人告诉孩子们，要听正确的话，要听理性清醒的人的话，要听尊重他人的人的话，要听平等待人的人的话，要和真理与正义在一起，而不是跟具有某种身份的某个人在一起。在教育中，部分教师没有跟学生处在一个平等的位置上，对学生的态度和行为缺乏平等与尊重，学生除了赞同就是支持，完全不能反对，即使反对也是无效的。

在学生之间，有些学生依靠自己的力量和霸道欺凌他人，而部分教师对这些学生并没有采取有效的干预和惩治预案。在这样的环境中，平等与尊严并没有被优先考虑，而其他的事情，如考试成绩的排序、表面的秩序井然和人际和谐，反而被放到了最重要的位置，这是一种带有严重偏见的管理观念。

在教育领导中，要有平等的文化和组织氛围。规则不应由强者来制定，而应是大家一起协商来制定，且一旦协商好了规则，无论是强者还是弱者，在规则面前人人平等，大家共同遵守规则，不存在特殊和特权。这里讲的规则，不是规矩。规则是大家共同遵守的，权力在规则之下；规矩重人治，有模糊的内容，包含了上下等级强弱的观念，以掌权者的个人意志为重。

当然，也有些“双标”的人拿规则作为幌子，让别人守规则，自己则钻规则的空子、肆意践踏规则，权利与义务错位，这时候的规则也就不是真规则了。还有，如果规则出于领导者之手，或者领导者可以凭个人喜好随意篡改和制定规则，那么规则也就等同于规矩了。所以说，规则、规矩不在于“规”了什么，而在于为了谁而“规”。如果规则、规矩只是约束了弱势、无权的人，而让那些有权有势、不遵守规则的人获益，那么这样的规则就违背了公平正义，也丧失了其本身存在的意义。

规则的树立是为了维护公平、正义、美好的社会生活，其目的并非束缚和制约人们，而是使大家对是非善恶有共识、对真理和正义有共识，遵守规则的人能够过上好日子，不遵守规则的人受到相应的处罚，创造价值的人享有相应的奖励，不创造价值的人得不到相应的奖励。每个人都遵守这种公平、公正的社会规则，大家就能平等、友爱地生活在一起，就都能过上公正、合理的生活，社会也会变得更加和谐、美好。

学校的生命力来自自由的个体，鲜活、自由的个体成长于公开、透明、平等的学校氛围。每个个体都有话语权，大家自由讨论，共商共议校纪校规，对涉及共同利益的重大事项，大家有共同治理和表决的权力，每个个体的权利与义务对等。总之，规则让大家都能把精力放在学习和成长上，而不是放在鸡毛蒜皮的小事和丛林法则下的合作竞争上。

2. 缺失自爱爱人的教育造就不成熟的人

一个人对待自己的方式，很大程度上决定了别人如何对待他。成熟的人是自爱的，也是爱人的。自爱和爱人犹如一枚钱币的两面，无法分离。“因为淋过雨，所以也想为别人撑伞；因为见过花开，所以才不舍得花落。”因为自己有爱，所以能够把爱给别人。一个人不可能给予别人自己没有的东西，一个不自爱的人不可能做到爱别人，一个不自由的人不可能给别人自由。成熟的人是自由的，所以也能够让别人自由。

成熟的人做自己喜欢的事情，活成自己想要的样子。这是一个人自爱的表现。教育应该让人成为一个自爱的人。只有真正自爱的人，才能真正爱他人、爱社会、爱世界。能够做自己喜欢的事情，是一个人最大的幸福；能够活成自己想要的样子，是一个人最大的自由。这份幸福和自由，是一个人能够生活得热烈、精彩的坚实基础。如果失去了这份幸福和自由，人就如同行尸走肉。

教育不教人先去自爱，而是教人先去爱别人，这是一种错误的观念。正所谓“穷则独善其身，达则兼济天下”，自己没有照顾好自己之前，不要去手忙脚乱地照顾别人；自己没有调整到最好状态之前，不要以为自己可以为别人排忧解难。曾有人分享过这样一个案例，当教师问知识性问题时，学生们都对答如流，而当教师问“你们喜欢自己吗”“为什么喜欢自己”这类问题时，学生们则面面相觑，不敢回答，因为他们不知道什么样的答案才是正确的。在教师不断地鼓励启发之下，有几个学生尝试着回答，说喜欢自己，而喜欢自己的原因是自己“纪律好”“卫生好”“爱护同学”。从这个事件中我们可以看出，孩子们不敢爱自己，他们爱自己的理由也一定要建立在成年人的赞许和认同之上，他们对自己的爱排在他人的眼光和他人的评价后面，他们对自己的爱无形中带有附加条件。

这样的教育，背后是一种让人恐惧、让人依附、让人被限制的逻辑。例如，你不好好学习，将来就没有好工作，就没有好的生活品质；如果你不听别人的话，就会走弯路，就无法拥有美好的人生；如果你表现得不令人满意，你就会失去他人的爱和认可等。

如果教育让人感受到的是恐惧，是怕失去、怕失败，那么这样的人就离积极阳光、快乐美好越来越远。一个人越是躲在自己的“小我”中，就越会放大自己的恐惧，也就越不能如其所愿。因为大家都喜欢温暖如春、阳光乐观的人，没有人喜欢内心阴暗消极、畏畏缩缩、痛苦沉闷的人。

培优劣汰的教育体系，也在瓦解着人的自尊心，挫伤着人的自爱心。在自尊心和自爱心被瓦解挫伤的过程中，人会拼命地想要挽回。每个人都不喜欢被别人打败，都想要证明自己比别人更强。这个寻求别人认可的心路历程，是充满执念的，是煎熬的、痛苦的、心碎的。教育体系不应该只给人争强好胜的教育，也应该给人原谅自己、放过自己、接纳自己、尊重自己、爱自己的教育。这部分教育理念是需要我们逐步完善的。

奉行丛林法则的教育环境只能教育人一直看向别人，一个劲儿地去“争”、去“挣”，而唯独忘了自己。成熟的人是关注自己的人，是允许自己做自己的人。每个人都做自己，有所取舍才能彼此贡献、互惠互利，才能相互弥补、相互成全。

教育应该教人自我接纳，学会欣赏自己，敢于接受失败。人活着要先照顾好自己，先安放好自己的内心，其他都是相对次要的事情。

3. 缺失欢喜自在的教育造就不成熟的人

欢喜自在是人内在的自然状态，是人与生俱来的，并不需要刻意获得，也不需要通过利益交换，更不需要附加任何条件才能得到。我们要关照好自己的生命，关照好自己的内心状态。无论面对任何事都处于欢喜自在的状态的人，才是有智慧的人，才能谈及超越自己。

然而，某些人为了成功而殚精竭虑，为了野心而苦心钻营，为了获胜而痴迷疯狂，为了不落人后而汲汲营营。他们强迫自己做一些超出自己能力的事情，给自己定下难以企及的目标，他们不允许自己安逸自在、坦然平和地活着，完全不能自在地独处。其实，内心无颠倒梦想，身心无恐怖挂碍，简单快乐地存在，才是生命中非常重要的部分，物质生活固然能够给予人短暂的刺激和欢愉，但人更需要内在精神的安宁和平静。进取、追逐绝不是生活的全部，知进也能退、能屈也能伸，在得失取舍之间能拿得起也能放得下，才是自在生活的平衡之道。

古希腊哲学家伊壁鸠鲁坚信快乐主义，他指出宇宙是一团根据机械法则旋转的原子，人死去时，只是被重新分解成天空中的原子。当我们活着的时候，并没有什么非做不可的事情，不需要取悦谁，也不需要听从什么命令。我们可以理性地选择快乐，这种快乐并非挥霍的快乐和感官快乐，而是身体上没有痛苦、灵魂上没有烦恼的快乐。为了快乐，人们要消除那些给灵魂带来巨大困扰的杂念，不要因为担心未来而毁掉现在的快乐，只做自己能做的事情，不要勉为其难，要顺其自然，不要拿头往南墙上撞，要悠然自得地生活。人生的正常底色和基调本来就应该是喜悦、快乐、自在、爱，如果我们把人生的基调设定为痛苦、纠结、焦虑、压抑，那就是对生命的一种亵渎。

欢喜、自在是一种人生圆满的状态，每一个快乐主义者都是修行圆满的人，每个圆满的人也都是一个快乐主义者。欢喜、自在的人都是有个人修为的人，正如王阳明所说“常快乐便是功夫”“乐是心之本体”，所有的不快乐“都是自求忧苦，自加迷弃”。可见，真正的牢笼从来不在外面，而在人的自心。自己能够让自己欢喜、自在，就是自我圆满；让别人欢喜、自在，就是在成就他人的圆满。无论做到哪一点，都是了不起的人。

追求欢喜、自在是人类的本能，从某种角度上看，欢喜、自在就是人生的终极目的，其他目的都是达成这一终极目的的工具和桥梁。所以，我们应该理直气壮、名正言顺地追求欢喜、自在。欢喜、自在是一个人身心健康的表现，总是欢喜、自在的人，更健康、更有活力。

欢喜、自在是良性循环的正道，而不欢喜、不自在是恶性循环的漩涡。社会整体利益是所有个体利益的总和，在不妨碍不损害他人利益的情况下，增加个人利益就是增加社会整体利益。一个人健康、快乐、满足、欢喜、自在，就是对这个世界展现生命的正面力量，而不欢喜、不自在就是对这个世界展示痛苦的力量。从这个角度上说，有利于人们欢喜、自在的观念和行为，是善的；不利于人们欢喜、自在的观念和行为，是恶的。对金钱、物质的欲望，永远不应该大过欢喜、自在地活着本身。所以，教育的艺术在于教人们学会欢喜、学会自在，在于教人们学会用欢喜自在来歌颂生命、肯定生命、珍惜生命。

然而，很多人常常对追求欢喜、自在有一种恐惧感和疑虑感，似乎追求欢喜、自在就是贪图享受、自甘堕落，规避痛苦就是不能吃苦耐劳、不能任劳任怨，这样的观念容易导致我们不敢堂堂正正、正大光明地追求欢喜、自在。

其实，大部分人对欢喜、自在的追求都是理性的，所追求的都是更长远、更永久的快乐，不可能沉溺于短暂的快乐中不能自拔。但我们必须让人看到一个真相，即我们所有的努力都是为了拥有幸福快乐的感觉，如果我们为了遥不可及的明天的快乐而放弃当下的快乐，那么明天的快乐就永远不可能到来。因为当下是因，未来是果。当下不快乐、不自在，未来也不可能欢喜、自在。

很多人有关欢喜、自在的来源的认识也是错误的，真正的欢喜、自在是从本真的内心自然而来的，而非从外在事物而来的。从金钱、物质、声名中换取而来的短暂快乐是一种让人上瘾的毒药，之后需要更强烈的刺激，才能带来些许的快乐。人越是企图从外物中寻求快乐，越容易忽略内心自然流露的快乐，距离真正的快乐也就越来越远。

然而，一些教育工作者却用学习成绩、升学率、筛选分层、竞争奖惩伤害着孩子们欢喜、自在的内心，他们用压力和痛苦、结果和攀比作为孩子们学习的驱使力，使孩子们的内心充满了压抑痛苦和忧虑不安。

在这种教育的世界里，很少有人说，你应该快乐、你可以不用那么焦虑和恐惧、你可以不用那么完美和优秀；很少有人说，在学习中找到乐趣、享受这个过程，结果自然而然会回馈我们，不需盯着目的地而放弃了身边的风景。每个人都在比较和被比较中，大家似乎都不那么坦然自在，都不那么欢喜洒脱，都不那么从容美好。为什么呢？因为大家总是处在无穷无尽的要求、目标和管理之下，总是处在无穷无尽的考试、评比和竞赛之中，总是处在要更多、更好、更强的不满足中，在这样的情境之下不可能有发自内心的快乐。在这种环境下成长的人，似乎从不接受自己变得更差，只允许自己越来越好，完全不接受事情发展的变化无常。

教育领导者总是希望看到外在的和平和秩序，但是却忘了一点，即所有的和平和秩序都来自每个人的内在。如果每个人的内在都充满了自我攻击、压抑焦虑、苦闷抑郁，那么外在的秩序、表面的和平是维持不了太久的，一切最终都会崩盘。所以，不要用苦和痛来掩盖生命本身的蓬勃向上之气，不要伤害生命本有的活力。作为教育领导者，要看到内在的和平和秩序的重要性，要创造内在和平喜乐、知足祥和的组织气氛和组织文化。

教育领导者要有无惧之心、敢于欢喜之心，要让学生少一些对自己的鞭挞，少一些对自己的谴责，少一些对自己的贬损，少一些对自己的抱怨，少一些对自己的压抑，少一些对自己的恐吓，少一些对自己的评判，少一些对自己的苛刻；多一些放松，多一些平静，多一些善待，多一些从容，多一些满意，多一些肯定，多一些欣喜，多一些自信，多一些慈悲。教育领导者应该让学生对自己的生活充满兴趣，对自己的生活充满热情，敢于创造自己的生活。当每个人自己可以庆祝生活、感恩自己的时候，自然就会把欢喜和感恩带给身边的人、带给这个世界，进而让周围的一切变得更加美好。

教育领导者要引领人做欢喜、自在的人，自在地绽放自己，不在乎结果，更不跟别人比较结果，结果怎样都不影响你自己去追求优秀，让自己更真实地面对自己，不需要伪装和压抑，要尊重自己本来的样子。在这份属于自己的自由中，感谢自己、感谢他人、感恩世界。

学校是解除人枷锁的地方，不是画地为牢的地方；是让人乘风破浪的地方，不是制造惊涛骇浪的地方。人们应当开心地学习，快乐地学习；喜悦地教育，自在地教育。欢喜、自在不是放纵自己，而是释放自己的生命力。学校是最应该充满爱的地方，是最应该到处充满欢声笑语的地方，学生是最应该充满活力和欢喜的群体。只有在学校教育中看到越来越多欢乐、自在的人，我们才能看到一个更美好的世界。

教育要让人体验欢喜、自在，少一些心理上的自我设限。只要欢喜、自在不是建立在伤害别人、利用别人的基础上，那么所有允许自己欢喜、自在的声音都是生命中的美妙歌声。

4. 缺失探究批判的教育造就不成熟的人

僵化的教育造就不会独立思考的不成熟的人。僵化的教育源于僵化的管理观念。只要观念是僵化的，无论搞出多少多样的活动，其本质内容都是僵化的。不做本质上的改变，只是缝缝补补，只会使原本的问题变得更加复杂。

死板的学习配上标准化的考试，这就是僵化教育的普遍范式。成熟的人是能够独立思考的人。独立思考需要通过提问、启发，而不是通过灌输、训导。一个成熟的人，具有发散性、批判性、多元化、多视角的思考能力，对一件事物，可以从不同维度来看待和分析。一个既定的规则，即使他不得不遵守，他的内心也有自己的看法；一条道路，即使他不得不走，他也能够坚持自己的原则、保持自己的个性。

教育不是拘泥于“讲备练”的传统套路式学习，不是为了让大家学会背答案、抄作业，不是为了让大家的意识和眼界达成一致，不是为了灌输知识达到一切求同，不是为了大家见解单一，不是为了让大家被动学习，不是为了让大家掌握已有知识，而是为了掌握得出知识的方法和规律，培养独立思考的能力，提高积极性和创造力，学会自觉主动地学习，“通古今之变，成一家之言”，从而拥有内在的智慧。

教育缺乏知识求证、反复论证、相互论辩的过程，导致培养出来的人才大多缺乏批判精神。批判精神是追求真理的精神，是实事求是的精神。批判的目的就是辨析什么是正确的、什么是错误的，在什么情况下是正确的、在什么情况下是错误的，它需要不断探索认知的各个边界，评估各种条件下一个规则能否成立及所起的作用，并提出不同于原认知的新内容。只有在自己的探索和找寻中、在自己的批判和探究中，一个人才能形成自己所遵循的内在法则。

我国的教育对权威的重视常常大于对真理的重视，这里有我们传统的尚贤者、尚尊者、尚师者的原因。但在教育层面，必须要注意，绝不能使之偏颇。对于贤者、尊者、师者，我们要尊重的是他们的贡献和他们的精神，而不是尊重他们的判断和经验。

在教育体系中，我们尤其要注重培养学生敢于质疑权威、敢于与权威论辩的精神和勇气，让他们在独立思考、探究、批判和实践中选择真理，而不是抛弃了对真理的探究过程，一下子就接受给定的真理。即使他们没有选择我们认为的真理，我们也要给予包容。因为只有经过自身辨识后的真理才是有生命力的，才不会被任何人剥夺和利用。

缺乏批判、探究精神的人，不会独立思考，难有独立见解，没有自己的原则，缺少自己的主见，容易人云亦云、偏听偏信，容易对外来的压力妥协让步、委曲求全，这样糊里糊涂的人很难成为一个成熟的人。成熟的人都是通晓道理的人，都是“知其然且知其所以然”的人。

5. 缺失真诚纯粹的教育造就不成熟的人

急于求成已经成为现代人的通病。“快餐式”的生活、各种“速成班”、各种“精简版”、各种“短平快”，不仅让我们错失了许多美好的事物，也导致了许多消极负面的事物出现。人有多急躁，产品就有多粗糙。有什么样的人品，就有什么样的产品。而人品中最关键的就是不急不躁、脚踏实地、厚积薄发、沉淀磨砺。

《菜根谭》有云：

岁月本长，而忙者自促；风花雪月本闲，而扰攘者自冗。

生活需要静待花开、细水长流，工作需要脚踏实地、潜心磨砺，学习需要纯粹忘我、从容恬淡，所有美好的人和事物都是需要时间的沉淀和酝酿的。孔子曰：“**无欲速，无见小利。欲速，则不达，见小利，则大事不成。**”还有“磨刀不误砍柴工”“心急吃不了热豆腐”“梅花香自苦寒来，宝剑锋从磨砺出”等，这是多么朴素的人生哲理。然而，某些人却越来越认定时间就是金钱，过分讲究效率至上。

同样地，现在的教育也太过有目的性，太急于求成。教育缺失了纯粹，缺少了做事情时全然真诚、张弛有序的态度。某些教育工作者也已经没有耐心精耕细作，只想追逐立竿见影的成功，就好比刚播下种子，就要求看到参天大树，甚至要求很快能够硕果累累，所以使用各种化肥农药催熟，采取各种干预措施拔苗助长。然而，很多事情是欲速则不达的。人要耐得住性子、坐得了冷板凳，才能有所收获。

只是一颗小小的种子，从播种到发芽，到长成小苗、长成小树，再到长成参天大树、能够开花结果，最后结出果实，都需要若干年的时间。其中还有很多不确定性的因素，漫长的日夜，各种虫害风险和恶劣天气，诸多因素都可能导致若干年的心血付之东流。树木成材尚且如此，更何况人。“十年树木，百年树人”，育人是注重精神世界的事业，所以更不能追求速成，必须用时间打磨，用耐心坚守，用关爱浇灌，只有这样我们才能培养出真诚、纯粹的人。

教育领导者必须认识到：学校教育必须对社会有引领作用，而不是被社会带着亦步亦趋、处处逢迎。世界越是躁动，教育越需要平静。世界越是“短平快”，教育越需“长曲慢”。无论大环境的问题多么复杂难解，都不应是教育领导者不做反思、故步自封的理由。

教育中一定要蕴含不为外界所惑的定力和耐力，投身于世俗洪流之中仍然要保持初心。作为教育的引路人，教育领导者更要内心足够强大。如果教育领导者内心脆弱、不堪一击，社会的任何风吹草动都能使其摇摆不定，就容易把竞争看得如同洪水猛兽，从而把学生控制在自己狭隘的认知和判断范围内。如果教育领导者的内心强大，对自己的教育充满信心，他就会把竞争看作成长的一小部分，鼓励学生独辟蹊径去寻找未来无限的可能性，并用信心和爱托举学生，让他们可以走到更远的地方。

教育领导者是在借由教育事业磨炼自己的心性、开阔自己的心胸。心量狭小，则多烦恼；心量广大，则智慧丰饶。路要一步一步走，饭要一口一口吃，不要催人进步，不要嘲笑人慢，不要只盯着结果和目标，不要去追逐迷惑人心的事物。作为教育领导者要循循善诱、谆谆教导，要耐心给予学生陪伴和关爱，要宁静淡泊、淡定从容。

社会容不得人放慢脚步，但学校要允许人放慢脚步。要想让学生做真诚纯粹的人，学校教育要摒弃现代社会的快节奏模式，改掉奖励短期行为的制度，改掉拔苗助长的教育行为，允许学生在学校中慢慢来，只有这样才能在不断探索中定位好属于自己的道路。

稻盛和夫说：

> 心灵塑造现实，心灵驱动现实。

一切都是自己的镜子，我们见到的都是自己内心的投射，你看到别人是什么样子，反映的其实是你内心的样子。教育领导者看到的师生状态，所反映的其实是教育领导者自己的状态。担心学生的未来，其实是自己内心存有担忧；焦虑学生的现状，也是自己内心焦虑的反映。外界的紧张节奏其实与我们无关，我们只管保持内心的安定与温暖就已经足够了。

三、本自圆满、反求诸己的艺术与成熟的教育领导者

1. 成熟的教育领导者与本自圆满的艺术

不成熟的人是不自爱的人。不自爱的人会去迎合、取悦和讨好别人，当得到的是轻视和怠慢，而不是自己期望的结果时，他就会把自己置于受害者的角色，一肚子的委屈和怨气，甚至消耗自己的大量时间去抱怨和痛恨这个社会，而无法看清楚自己的问题。

不成熟的人是不爱人的人。他们为了攫取自己的利益而不择手段，通过钩心斗角、争名夺利、捧高踩低、剥削压榨别人来满足自己的私欲，这种人完全丧失了人性，摒弃了做人应有的悲悯与真情，走上疯魔的不归途。

六祖有言“**何其自性本自清净，何其自性本不生灭，何其自性本自具足，何其自性本无动摇，何其自性能生万法**”。心生万法，万法唯心。万法，原来都是自心所现。成熟的人修的是自己的“心法”。成熟的人是发现了内心力量与光芒的人，成熟的人内心都拥有坚定的力量，能够超越小我的局限，能够对发生在自己身上的每一件事负起责任。

不独立的人绝对不是成熟的人。“自己跌倒自己爬，望人

扶持都是假”“靠山山会倒，靠人人会跑”，失败挫折都不可怕，可怕的是自己不敢爬起来面对困难和阻碍，不敢继续砥砺前行。成熟的人永远会在披荆斩棘中磨炼自己，从而让自己更有价值、更具有不可替代性。在他们看来，永远只有自己能够打败自己。

一个成熟的人不会被人剥削利用，因为他们从不剥削利用自己，自然也就不可能被别人所剥削利用。成熟的人从来不把自己置于受害者的位置上，不会把责任推脱给别人，不会让别人为自己负责。成熟的人也从不把自己置于加害者的位置上，不会把自己遇到的困难归咎和转嫁到他人身上。成熟的人是懂得自爱又懂得爱人的人，他们内心强大，既不做受害者也不做加害者，既不评判别人也不评判自己。正因如此，一个成熟的人认为自己是自己人生的建设者和创造者，自己能够决定自己的人生，能够决定自己想要成为怎样的人，能够承担起自我成长的责任，能够拿回自我领导的主导权。

一个人是否成熟，与他对人对事的认知框架、思考逻辑密切相关。如果一个人认为一切问题都是别人导致的，那他自然不会反思自己、改变自己，从而永远也看不到事实和真相。反之，如果他认为一切都可以靠自己得到满足，不需要向外探求，那么他会根据自己内心的声音来调整自己应有的需要、调整自己能够达成的目标，然后可以自由调用自己的勤奋、耐心、责任心、细心、自信、坚持，来满足自己的需要，实现自己的目标。即使不能如愿，他也能坦然面对。

每个人都应该用好自己的权利，做好自己的选择，不断审视和自省，不断给自己的成长纠偏，不断地调整自己内在的状态。这样，我们才可以做自己想做的事情，做自己该做的事情，这就是实现了自己的成功。

“人贵有自知之明”，我们应该了解自己，既不高估自己，也不贬低自己。成熟的人处处对自己负责，时时与自己和解。陶行知先生在《自立立人歌》中有言：

滴自己的汗，吃自己的饭，自己的事自己干，靠人、靠天、靠祖上，不算是好汉。

所以，成熟的人自知、自尊、自主、自律、自治、自洽。真实地看待自己，明白自己的优点、缺点，看清自己的优势、劣势，即所谓的自知、自尊。看清自己的理想与外界的现实，量力而行，量入为出，即所谓自主、自律。评估成败的概率，不钻牛角尖，也不为难自己，自勉自励，过好自己的生活，做好自己，即所谓的自治、自洽。

一个成熟的人不会复制别人的成功，更不会做一个模仿他人的人。成熟的人只是顺其自然地按照自己的“花期”、自己的“韵律”、自己的“节奏”、自己的“感觉”、自己的“风格”、自己的“时间点”来行动。他是独特的自己，他允许自己做自己，所以能够按照自己的本心来行动，能够运用自己强大的内在力量。

成熟的人都在做自己。成熟的人不会用别人的标准和规矩来约束自己，也不会用自己的标准和规矩约束别人，正所谓“彼之蜜糖，我之砒霜”，成熟的人靠自己“心”的力量活出坚定和勇敢、活出真实和无畏，任何人都不可能将其困在原地。

成熟的人是点亮自己“心灯”的人。用自己的心创造自己的生命状态，所有的力量和温暖都从自己的内心去汲取，一切与他人和外境无关。任何事情都有残缺，用“心灯”把它补圆满，是一个成熟人的成长模式。成熟的人懂得自省、自我审视，能够打开看问题的“心”视角，找到解读问题的“心”模式，从而突破自我执念的解释框架，重构解决问题的“心”方式。成熟的人的人生是自我圆满的过程，成熟的人的人生是用自己的“心灯”开辟出独属于自己的“心”道路。一切都不需要假以外求，一切都可以自我圆满、从容自在，不仅自己成为自己的光，而且在照亮自己的同时，照亮别人。

2. 成熟的教育领导者与反求诸己的艺术

孟子在《孟子·离娄上》中说：“行有不得者，皆反求诸己，其身正而天下归之。”王阳明认为：“圣人之道，吾性自足，向之求理于事物者误也。”程颐、程颢在《二程全书·伊川易品三》中讲：“君子之遇艰阻，必反求诸己，而益自修。”所谓反求诸己，就是说管理从来都是由己及人的，最难的不是管理好别人，而是做好自我管理。自“理”才能“理”人，自我管理做好了，才能进一步推演至他人。

领导的艺术在于管理者的心态。当一个人能够反省自己的疏漏，不把错误归咎于他人，才有可能将感激和歉意真挚地表达给他人；当一个人能够尊重自己、感谢自己，才有可能将内心的尊重传递给他人；当一个人能够遵循自己的心，与自己的心和解，原谅自己、接纳自己，才有可能将内心的光明传递给他人。反之，当一个人总是自我痛恨、自我批评、自我羞辱、自我惩罚，他就会痛恨、批评、羞辱和惩罚别人。生命是个自我修行的道场，修己身、修己心是一个持续一生的过程。只关注他人和外在环境，而不去觉察和反省自己内心的人，迟早会陷入困顿、迷茫。人与人之间需要反求诸己，用尊重、感恩、理解和接纳来面对他人和自己。

领导的艺术在于基于感恩和知足的心态来管理人、管理组织。如果是基于控制、评判、焦虑的心态来管理人和管理组织，就很难收获好的管理效果。当管理者从自私的角度出发，只为自己的利益考虑，用恐惧和不信任的心态去管理，就会害怕组织成员做事不能全力以赴，就会使其陷入算计之中，使其总是在研究制度和规章。由于自己不放心别人，就会想着频繁干预。干预，就要依靠更多的人，依赖更多的制度，而他自己在干预的过程中也会不胜其烦。如果自己对别人放心，多一些信任，就会少干预乃至不干预，这样更有利于激发每个人内心的主动性和良善。

领导者只有改变自己想要控制下属、纠正下属、提高下属的心态，下属才能展现出各自的创造力和能动性。领导者越是觉得下属能力不够强、意愿不够强，越想控制下属，下属就越会停留于低迷、无力的状态，甚至会产生抗拒的心理而使自己表现得更差。

有些领导者对下属总是抱着苛刻评判的心态，遇到矛盾只会表现出强势和彪悍，这样做只会激化矛盾，对解决问题毫无帮助。还有一些领导者，总是自己设定好某种精确的结果，给下属确定的方法和方向，或者胜负心过重，根本不允许任何不可控的东西出现，这样做就会抹杀别人的个性，让其陷入呆板和局限，自己也逐渐变得刻板和狭隘。领导工作本身其实是充满奥秘的，是丰富多面的，领导者要给他人留有一些发挥创造力和自我表现的空间。

领导的艺术在于着眼于长远来管理，而不是总盯着眼下的结果来管理。有些领导者“利润导向”，只看上级所要的业绩“变现”，将每个员工看成“营业收入单位”，通过榨取员工的劳动使之贡献业绩，同时尽可能压缩运营成本和人力成本，却花大成本建造浮华的教学场所，以打造表面的“高端”。这些短视的管理行为终究是无效的，是走向衰败和幻灭的前奏。成熟的教育领导者，不“逐物”而“体道”，弃“人欲”而升“道心”，把做管理工作作为成就完美心性、培养内在德性的道场，不把任何人作为自己求名求利的工具，不把短期的绩效指标看作教育的长期目标，利己者先利他，把教育事业做好了、把立德树人做好了、把事情做对了，才会有真正的、长期的业绩。

领导的艺术在于看到自己已经拥有的，而不是总盯着自己还没有得到的；领导的艺术在于基于自己的优势和长处来管理，而不是总盯着自己的缺点和短处来管理。一些领导者总是认为“外来的和尚会念经”“隔岸的风景更好”，总是在寻找对的合伙人和员工，认为那个对的人一定在远方的某处。用这样不满足于眼前的心态来管理人和组织是不健康的，这是低级、低效的管理，也是不符合事物发展规律的管理，最终无法达到管理的目的。因为越是抱怨别人的不努力、不尽心尽力、不完美，你越是得不到别人的努力、尽心尽力和完美。越是不断地寻找对的人，到最后越会发现始终没能找到对的人，无论怎样换来换去结果都是一个样。因为那个对的人，并不是别人，而是自己。君子求诸已，小人求诸人，求人不如求己。所有与别人的关系、所做的事情都是自己成长的镜子。自己心态对了，别人就不是问题。自己心态不对，别人就都是问题。

领导合伙人和员工就如领导家庭和婚姻。你越是在家庭中生根，越是能在家庭中受益；你越是对一个人有更深的了解，越是能更加深刻地了解自己；你越是能够随着时间沉淀下来，越是能够从沉淀中获得更多的新鲜感和幸福感。领导合伙人和员工就像领导自己的事业。你总是更换工作岗位、总是更换行业、总是更换生意、总是更换外在的条件和环境，就总是在绕开自己的问题、总是在逃避自己的缺点，到最后哪一件事都不能做好。当你越是在一个行业、一个岗位上深耕，越是能够把一件事情做到极致，就越能触类旁通，无往而不利。

越是聚焦于要更多、更好，越是不能达到更多、更好的目的。有这种心态的领导者想要更好，无非是做给别人看、证明给自己看，这种心态从某种程度上说是一种外强中干的弱者心态。这种领导者总是在害怕失败，总是在担忧未来，内心脆弱不安。真正的强者不会逞强，而是懂得示弱的智慧。他们内心大气而自信，可以自由选择前进与后退的方式。“坚强者死之徒，柔弱者生之徒”，草木柔软之时生机勃勃，只有枯萎后才会坚硬如柴，人也是如此。只有谦虚地低下头，才能看清脚下的路。

人生的意义不是构造好外在的世界，而是构造好内在的世界。同样，教育领导者也要构造好自己内在的世界。内在的世界是圆满的，外在的世界才能是圆满的；内在的世界澄澈无瑕，外在的世界才能澄澈无瑕；内在的世界知足感恩，外在的世界才能知足感恩；内在的世界处处光明，外在的世界才能处处无恙。心有净土，自然无处不是净土。心有圣人，自然无人不是圣人。王艮和王阳明曾有这样一段对话：有一天，王艮出游回来。王阳明问他，出去游览见到了什么？王艮回答，见到满大街都是圣人。王阳明说，你看满街人是圣人，满街人看你，也是圣人。

领导者要反求诸己，从“小我”中抽离出来。领导者越能知足感恩，就越能吸引到知足感恩的员工；员工越能懂得知足感恩，就越能用自己最大的潜能来回报领导者。这样的状态才是进入了良性循环的轨道，才能进入升华和超越的境界。

教育领导者不能用世俗的标准来管理人和组织。世俗的标准总是与短期的利益和金钱挂钩，总是要立刻“变现”，这是肤浅的、表面的管理。教育的一切是为人服务的，是为人的生命幸福服务的。教育领导者要燃烧热情，带着远见卓识和创造力，去激发人的热情、热爱。有了这些，才有其他的一切。

自净其意，莫问前程。领导者应该自觉地净化自己的思想意念。所谓净化，就是让自己看见自己的小我、执念，然后止息自己的小我、执念，最后放下自己的小我、执念。人很容易站在自我的角度上看问题，所以总是能看到别人的问题，而看不到自己的问题，而正是因为看不到自己的问题，所以就会认为自己是“受害者”。出于“受害者”自我保护的心理，人更容易先下手为强，先把自己放在“加害者”的位置上，制定出各种制度来约束、警戒他人，以防止自己陷入“受害者”的境地。这样的领导逻辑是狭隘闭塞的，是处心积虑的。

换位思考一下，当自己以这样狭隘的交换逻辑对待别人时，别人又怎能心甘情愿地贡献自己的全部力量呢？当自己以狭隘的心胸揣度别人时，别人自然能够感受到这种狭隘，也就会用狭隘的心量来回应。如此，管理就会进入恶性循环，大家都在斤斤计较、得失算计之中，而无法获得真正的成长和提升。只有自己的心胸足够宽广、思想境界足够高，才能以此心觅得彼心，即所谓“将心予明月，明月再付卿”“人心换人心，黄土变成金”“将心比心，方得人心”。领导的过程是“以心觅心”的过程，是“人待我何，我亦待人何”“投我以桃，报之以李”的历程。

领导者绝不能抱着去帮助别人、教育别人的心态来领导他人。帮助别人、教育别人的心态带着一种鄙视他人的心理，带着一种自己高高在上的心理。另外，怀着这种教育别人、帮助别人的心态，如果帮到了别人，而别人却没有达到自己的期望，就容易产生“恨铁不成钢”的怨恨和愤怒；如果没有帮到别人，则内心容易产生挫败和悔恨感。这些都不是健康的领导者心态。领导者应该出于自己的享受和乐趣去做工作，无论是帮别人还是帮自己，都是自己真正想做的，而不是因为不得不才去做的，也不是因为别人的索要才去做的。抱着纯粹享受乐趣的心态去做领导工作，在人际关系中感受到的都是舒畅、满足和爱，而不会困于彼此的纠缠利用之中。

领导的艺术在于时时思考自己的内心到底是什么样的。自己的感觉和状态越好，越自由和开放，管理上也就有越多的想法和创意。框限别人的，终将被别人框限；算计别人的，终将被别人算计；抗拒别人的，终将被别人抗拒。“我见青山多妩媚，料青山见我应如是”，人与青山可以互观互赏、互猜互解，人与人又何尝不是如此呢？

领导的艺术在于“提纯”自己，时时思考我们的内心到底是什么，我们的内心底色到底折射出、产生了怎样的世界。领导者如果认为只要花钱就能吸引来人才，那么吸引来的人才一定是重视薪水报酬的人，这样的人可以被高薪吸引来，也可以被别人花钱吸引走。这样的人可以同富贵，却不是可以共患难的好合伙人。领导者如果自认为高人一等，那么自然吸引到的都是无法发挥主观能动性、无法独立承担职责、无法独当一面的人。领导者如果习惯说“这不现实，那不现实”，这样的口头禅注定会造成原地踏步、囿于现实而无法实现梦想的组织氛围，注定会吸引那些不敢干、不能干的人进入组织，并最终一定会被那些不相信“现实”、敢干敢做的竞争对手所淘汰。

干净的心念吸引干净的人，污浊的心念吸引污浊的人。防备他人的心念吸引防备他人的人，怠慢他人的心念吸引怠慢他人的人，怀疑他人的心念吸引怀疑他人的人。反之，勇敢无畏的心念，营造勇敢无畏的磁场，同时吸引勇敢无畏的人；信心坚定的心念，营造信心坚定的磁场，同时吸引信心坚定的人。自己是一切的因，自己是自己晋升的“天花板”。能否脱离心识的污染、能否升华身心，一切反求诸己，则自得圆满。永远在自己的内在下功夫，形成强大而干净的心的能量场，这才是领导的艺术！

有人把时代划分为三类：身时代、脑时代、心时代。身时代，即用身体参与竞争的时代，主要指农业社会时期，身时代的主要追求是丰衣足食，是让人的身体得到满足的时代；脑时代，即用大脑参与竞争的时代，主要指工业社会时期，脑时代追求成才成名，是让自己的大脑欲望得到满足的时代；心时代，即用心灵参与竞争的时代，心时代主要追求福至心灵，是满足心灵需求的时代，心时代的成功将属于会走心的人。从走身到走脑，从走脑到走心，意味着重物质胜过重精神的时代已经结束，精神正在胜过物质，内在正在胜过外在，文化正在胜过知识，意义正在胜过内容。走心的人靠什么来创造新时代？是反求诸己，是回到自心的本真和智慧中，回到自性的良善和柔软中。

第二部分

安定身心

每个人都是时代的弄潮儿，都在掌控着自己的浪潮。要想成为一个自由的弄潮儿，不取决于别人，也不取决于时代，而完全取决于自己是否身康心安。如果身心不安，就无法定心于眼下所做的事情。人的决断力、影响力、创造力，绝不可能在身心焦灼不安的状态下得到充分发挥。拥有健康的身体、平衡喜乐的内心，才是弄潮儿立于不败之地的定海神针。“安定身心”部分包括情绪与教育领导、身脑心合一与教育领导两章内容，尝试深入浅出地阐述安定身心的领导要义和方法。

第三章

情绪与教育领导

2019 年 2 月，北京大学第六医院黄悦勤教授等在《柳叶刀·精神病学》上发表研究文章，对中国精神卫生调查（China Mental Health Survey，CMHS）的患病率数据做了报告。调查显示，近 1 亿中国人一生中得过抑郁症。另外，据《人民日报》报道，2020 年，我国青少年的抑郁检出率为 24.6%，一些青少年长期处于情绪低谷。这些数据还只是做过心理检查人群的数据。可以想象，因为过于关注考试成绩和升学就业，太多的学生和家长陷入挫败、焦虑和压抑的情绪中不能自拔。如果我们的教育只训练人的头脑思维，而不能让人的心灵得到安顿，不能让人的情感得到升华，不能让人的精神得到解放和自由，那么我们必然会因此付出惨重的代价。

一、情绪的困扰与情绪的真相

情绪是人对客观事物所持态度的身心体验，反映出人对客观事物的态度与主体需要的关系。当客观事物满足主体需要时，个体会产生积极的心理体验，反之则产生消极的心理体验。在生活和工作中，每个人或多或少都曾受情绪的困扰。一般而言，我们平常所说的情绪困扰，主要来自我们所定义的负面情绪，如悲伤、焦虑、紧张、压抑、痛苦、抑郁、担忧、恐惧、愤怒、失落、嫉妒、懊悔、愧疚等，这些负面情绪会影响我们的心情。对于正面情绪，如感动、感激、舒心、喜悦、开心、兴奋、愉快、满足等，我们一般抱着欢迎的态度。

这种认为情绪非好即坏的僵化认知，让我们的内心一直对情绪进行着价值评判，所以大多数人会选择压抑自己的负面情绪，而展现自己的正面情绪给别人看。“打掉牙齿往肚子里吞”“胳膊折了往袖子里藏”，这样的情绪管理只能维持表面的平衡，却无法触及引起情绪失控的根本原因。如果不纠正自己的想法、不改变自己的看法，还是会出现同样的情绪问题。

我们的情绪往往源起于自己所持的一套评判标准、需求，一旦外界违背了自己的主观意愿，或者违背我们的是非喜好，我们就会产生情绪，所以情绪其实都是自己的分别心的结果，是我们思想上的阻碍、认知上的卡点、视野中的漏洞所造成的。故，作为教育领导者，我们应该做的是帮助别人找到情绪产生的根源、引导人们了解自己情绪背后的需求，进而不断调整对自我、对他人及世界的认知，不断调整自己的目标。

教育领导者自身要有正确的情绪观，并且能够正确引导教师的情绪观。培训进修、教学创新、新技术学习、课后服务管理、舆论压力、评职称、算绩效、大量的人际互动等，都使教师面临较大的工作压力，难免会出现情绪问题。教育领导者应该为教师的“情绪废料”提供正式和非正式的“处理厂”与“缓冲区”，如建立通畅的横向与纵向沟通机制，让教师能够在一个可以信任的环境中表达自己的真实想法，让情绪得以纾解和释放，进而接纳自己的情绪，觉察自己的情绪信号，成为自己情绪的主人。

1. 平等看待不同的情绪

情绪并不是一种束缚或惩罚。七情六欲、喜怒哀乐都是人之常情。所谓情绪的好坏，不过是人自己所贴的标签，我们应该平等地看待不同的情绪，不要压抑情绪。

当自己认为“坏”情绪来了时内心就会有批判、懊悔、抗拒，此时关于情绪的情绪就成为更大的情绪问题。当自己认为是“好”情绪的情绪来了时内心又会升起它很快离去、很快消失的担心和忧虑，此种内心的执念，会让所谓的“好”情绪也成为情绪问题。

一个人只有完全地允许、经历所感受到的情绪体验，才能最终接纳情绪，不再被情绪左右。只要你从内心允许它、放下它，而不是压制它、放纵它，就可以化解它全部的破坏力。如果抵制、抵触某种情绪，无论是直接的或间接的抵制或抵触，都会导致同样的情绪反反复复出现。

全然允许和接纳情绪，并不是允许情绪引发不良行为，也不是放纵情绪带来的后续连锁反应，而是全然地感知情绪、全然地接纳情绪，感恩情绪带你看到自己仍然存在不自由的地方，利用情绪的契机来完善自己，或者完善自己与他人的关系。

正确看待情绪的人，会把情绪看作给自己的一个信息、一种提醒、一个警报，提醒自己的某种定义与诠释出现了偏差，提示自己偏离了爱与自由的本质，提醒自己在某些方面是不自由、不包容的，提示自己头脑中某些既定的认知是错误的、偏执的，提醒自己在某些方面用自己的想象远离了生命的本质。情绪教我们放弃错误的自我意象，放弃以小我为主导的欲望，让我们更真实、更有同情心和慈悲心。

情绪问题是自己给自己制造的问题，情绪是为了提醒自己这一点而来的。情绪提醒自己头脑中某种“应该”的认知和“必须”的想法是有局限性的：自己所假设的前提条件是有问题的，某种预设是错误的，某种信念框架是需要改正的，自己所得到的某种信息并非事情的全貌，自己的某种逻辑并非正确。情绪提示自己头脑中想要控制的东西本就不是可以控制的，提示自己在这个方面是有过去经历的投射的，提示自己正在捍卫一个并不是真理的执念。有了情绪，我们才可以对镜观心，从而改变自己。

“心是因，世界是果”，这是情绪的因果法则。我们内心的某些想法是一切情绪的因，是情绪的源头。当我们把源头找到、看到源头的时候，情绪自然也就解除了。否则，同样的情绪会反反复复地来了又去、去了又来。

看到自己的底层念头，然后转念，自然改变了因，结果也必然改变。正所谓一念天堂，一念地狱。当你转换眼光、转变念头、转变心识，就会发现情绪原来是如此虚幻不实。身处情绪中，只要转念就能化解情绪，而不是依靠转境。转境是困难的，而且无论外界环境如何变化，只要病因还在，就不可能走出情绪的困境。只要相应的外界环境出现，就会触动情绪发生的源头，情绪自然就又来了。所以只有在因上用功，才能改变结果。自己才是一切情绪的源头。解铃还须系铃人，选择戴上锁链的是我们自己，摘下锁链的也得是我们自己。牢笼从来不在外面，牢笼在自己的心里。

2. 把情绪看作体验

“离离原上草，一岁一枯荣。野火烧不尽，春风吹又生。”凡事都有两面性，一阴一阳，生命也有其两面性。生命的两面性并没有绝对的好坏之分，看起来是矛盾、对立的，但其实是统一的、一体的。

情绪的阴阳两面也是本源同一的，它们相互转换、相互依存。快乐平和需要苦恼怅然的衬托，才显得格外美好；成功有失败的映衬，才显得宝贵；得到有失去的衬托，才显得珍贵；春风得意有失意不堪的映衬，才显得稀缺。我们经历了一段情绪的高潮时期，又会经历一段情绪的低潮阶段，人的情绪就是这样不停地变换。情绪来了又去，去了又来，所有的情绪都是如此，但没有任何情绪能够停留很久。任何情绪都会随着时间而反反复复，只要我们能够在当下不否认自己的情绪，也不抵触自己对情绪的感受，慢慢地情绪就会自然消失。因此，对于情绪，我们要用心感受，自我接纳，自我允许，自我调适，自我排解。当自己排斥某种情绪，那么自己也要同时接受自己正在排斥它的状态，如果自己逃避某种情绪，那么同时也要接受自己正在逃避它的事实。不否认自己的情绪，也不抵触自己对情绪的感受，慢慢地，情绪就会自然而然地消失。

在生活中，人们经常忽视、逃避情绪，甚至将压抑情绪视为成熟者的行为，认为释放情绪就是不懂克制。其实，只有敢于将自己的负面情绪以适当的方式合理表达出来，不让坏情绪烂在心里、向内蚕食自己对生活的热情，才能更热爱自己，才能更关爱别人。这样的人心理上才会更积极乐观，对待自己、对待他人也会更加宽容和理解。可见，允许情绪的产生、不自我攻击、接纳情绪、把情绪当成体验，自然能够成为情绪的主人，否则，越压抑自己，就越会成为情绪的奴隶。任何人只要有一次能够成为自己情绪的主人，就能体验到那份快乐和成就感，慢慢地，成为情绪的主人就会变成一件驾轻就熟，同时也非常喜悦自在的事。

当然，如果一开始就要驾驭自己的情绪、就要把控制自己的情绪作为自己的责任，认为控制好情绪是一件理所当然的事情，那么，此时对情绪的反应，就会让情绪本身的困扰变得更加复杂难解。不要让情绪消耗自己，也不要用对情绪的情绪双重内耗自己，既要允许它，也要有力量离开它。

3. 所有的情绪都是自己的选择

一切的情绪都是自己的选择。没有人可以替代你做主，一切都是你自己的选择，是你自己选择了某种定义，并把自己困在其中。人要对自己的情绪负责，因为所有的痛苦与压力，都是自己选择、自己定义的。“伤害你的从来不是别人的无情，而是你心中的无限幻想”，别人不是你获取爱与幸福的来源，自己才是幸福和爱的源头。

担忧的情绪、抗拒的情绪、恐惧的情绪、愤怒的情绪、怀疑的情绪、嫉妒的情绪、执着的情绪、失落的情绪，没有人可以替代你做主，一切情绪都是自己的选择。我们无法改变客观事实，但我们可以改变主观诠释；我们无法改变既定事实，但我们可以改变看事情的角度；我们无法改变过去，但我们可以改变看事情的心态；我们无法左右他人，但我们可以改变自己；我们不能控制别人，但我们可以掌控自己。

如果有人和事引起了你的负面情绪，不要把注意力放在激起你情绪的人和事上，而要把注意力转向让自己不舒服的情绪上，去觉察不舒服的情绪是由自己的什么经历、观念引起的，找到你过往生活中、内心中那个让你不舒服的根源，那个根源就是导致你产生负面情绪的原因。

自己内在对生命的领悟不同，遇事所感受到的情绪也会不同。同样的一件事，被不同的人遇到，其感受和情绪可以完全不同。同样的一件事，同样的一个人，在不同的心境下，所体验到的情绪也可以完全不同。从这个角度看，遇到事儿，不当成事儿，是事儿也就不是事儿了。可以说，所有的情绪都是虚假的，都只是自己的意识和观念的投射而已。

人类的大脑拥有自我保护机制，所以对于痛苦和压力非常警觉，但对于快乐和轻松的感知却非常迟钝，这是大脑保护我们安全的本能机制。大脑对痛苦和压力大的事情，更为执迷；对于快乐轻松的事情，却常常忽略。所以，人容易过于执迷于自己的痛苦和压力、过于放大痛苦和压力，这也是我们会对充满痛苦和压力的事情记忆犹新，而对于快乐和轻松的事情却记忆模糊的原因。

因此，成熟的人会赋予那些高兴的、顺利的事情更多的权重，培养自己尽可能持续关注美好、快乐、幸福、美妙的体验的能力，尽可能无视那些让人产生不美好、不快乐、不幸福、不美妙的体验的事情。“笑一笑，十年少”“你若盛开，清风自来；心若浮沉，浅笑安然”，学会感知快乐，就是善待自己、善待世界。曾有一项突破性研究证实，微笑可以通过面部肌肉的运动来欺骗大脑，从而让人变得更积极。研究者让参与者在上下牙齿间夹一支笔，迫使他们模仿微笑的动作。研究发现，即使是这种假装的微笑，也会刺激大脑的情绪中心“杏仁核”释放神经递质，这样类似微笑的面部肌肉行为说服我们的大脑认为我们一切都好，所以它改变的不仅是面部表情，还改变了人的心理，让人进入积极正面的情绪状态。可见，人应该有意识地训练自己看到事物美好的一面的能力，有意识地形成随时随地激发快乐和满足感的能力和心理习惯。总之，微笑时体内会分泌能使人产生兴奋情绪的激素，从而改善人的情绪，有利于身心的健康。

4. 以合适的方式表达自己的情绪

任何情绪到来的时候，自己永远是可以改变感受的主人。只有自己才是主人翁，自己是自己人生的导演，自己是自己剧本的创作人，自负其责、自求多福。每一个当下、每一次呼吸，都在转瞬即逝之中，而每一个转瞬即逝都是我们改变情绪感受的时刻，每一个当下都是我们可以重新运作、重新选择的时刻。

成熟的人有足够的能力处理负面情绪，并建构自己自由独立的生活。愤怒、恐惧、悲伤、憎恨、嫉妒、焦虑等负面情绪不应该被压抑和掩盖，否则就会在身体中造成郁结，终有一天会像火山一样爆发，伤害自己和别人，进而引发一连串的负面反应，使自己陷入更加复杂难解的境况。

将负面情绪自我消化，而不是发泄在他人身上或者拿来伤害自己，是释放情绪的底线和基本原则。我们应该学会做情绪的主人，不要积压负面情绪，不要让情绪控制自己，也不要让别人的情绪控制自己。我们可以每天找一小段固定的时间，用适合自己的方式释放自己的情绪，学会随时帮自己清零，避免情绪崩溃造成严重后果。例如，通过捶枕头、打沙袋、旅行、听歌、画画、跑步、看书等无伤害行为来消解情绪。或者，找固定的时间专门"表演"自己的情绪。比如爱焦虑的人，每天找一个小时，主动让自己的头脑思考焦虑的事情，不断地在头脑中放大焦虑，并想象最坏的结果，让焦虑情绪最大化地表现它自己。慢慢地，其他时间就处于放松无虑的状态，直至焦虑情绪自然消失不见。总之，释放情绪的方式要自我调整到正常可控范围之内，自己能够修正自己对情绪惯有的条件反射，能够在情绪状态下拓展解释情绪事件的视角。

成年人应尽可能地鼓励儿童向父母和老师表达他们的情绪，帮助他们真实地表达自己、如实地面对自己，让他们可以放心地表达他们内在的一切，给予他们足够的安全感，让他们内心充满力量。不要逼得孩子们装模作样、小心翼翼地做人，不要让他们做小伪君子、小伪善人，不要让他们变得连自己想要什么都不知道，要允许他们去做他们想做的事，允许他们做原本的自己，不做别人眼中的自己，要允许他们拒绝他们想要拒绝的事和人，允许他们表达真实的自己。这样，他们内心才能升起力量感，才可以倾听自己的声音，倾听自己的感受，最终才能做自己情绪的主人。

成年人在解决自己的情绪问题时，尽量不要试图通过向非专业人士倾诉来解决。因为你所求助的他人，其实也有自己的情绪问题需要解决。过多地向他人倾诉自己的情绪，会使这种情绪得到更多不必要的关注，这反而增加了解决情绪问题的难度。因此，成年人要尽可能地自己面对自己的情绪，然后经历它、觉察它、接纳它，直至它自然消失。

二、情绪的真相与教育领导上的欠缺

教育领导者要懂得激发和保持师生快乐的情绪，懂得规避和消除不快乐、不安稳的情绪。

1. 趋乐避苦是人的天性

人的天性是希望趋乐避苦、离苦得乐的，我们很自然地乐于追求给予我们快乐的事物，而避开引起我们痛苦的事物，这是所有生命的天性。著名的“最大幸福原则”指出，道德的最高原则就是使幸福最大化，使快乐幸福的程度超过痛苦、苦难的程度。所谓“最大幸福原则”，应该遵循经济学的帕累托改进最优原则，即在没有使任何人的境况变坏的前提下，使至少一个人的境况变得更好，这就是幸福的帕累托改进或帕累托最优化。如果一个人可以趋乐避苦，而没有伤害其他任何人的利益，那就是增加了这个社会的美好和共同利益；如果一个人一路走来经历太多的苦难，就会与太多的美好失之交臂，甚至导致其内心满目疮痍，这很难说不是一种社会共同的遗憾和悲伤。通过审慎地衡量、取舍苦与乐，让自己获得身心的平静和内心的愉悦，本身就是个体和社会生活的最高目的和意义之所在。

当今社会，由于人们全都聚集在仅有的几条赛道上，造成竞争残酷，人们遭遇挫折和逆境的可能性逐渐加大，无法安定的情绪充斥着整个环境。在这样的现实下，教育更应该让人从中得到更多的信心、更多的希望、更多的内心笃定感和力量感，而不是让人沉浸在现实的泥沼中不能自拔。

如果人们不能从教育中获得充满乐趣、热情和信心的积极体验，反而体验太多由于学习困难和成绩攀比所造成的挫败感，以及因为破坏性竞争而导致的人际关系紧张不和等，那么教育就成为引发痛苦、焦虑、紧张、挣扎和压力等负面情绪的源头。受教育本身就不能成为一件快乐幸福的事情，而只是人们适应更广泛的社会竞争的一种工具。

某些教育领导者更是对于吃苦受累、知难而进怀有一种偏爱和认同的倾向，认为人就是需要逆流而上、迎风前行，似乎只有如此，才能换来成功和幸运。他们认为学习就是要把自己打造成有钢铁般意志的人，遇到任何问题都不带情绪，才配得上未来的功成名就。不仅是教育领域，社会上的大多数人也认为人遇到困难就要不管不顾地跨越过去，遇到障碍就要死磕到底。其实，这并不见得是一种锲而不舍的智慧和持之以恒的高尚品格。

蛮干是愚昧，死扛硬碰是思维的顽固和固化，君子善假于物，即所谓“吾尝终日而思矣，不如须臾之所学也；吾尝跂而望矣，不如登高之博见也。登高而招，臂非加长也，而见者远；顺风而呼，声非加疾也，而闻者彰。假舆马者，非利足也，而致千里；假舟楫者，非能水也，而绝江河。君子生非异也，善假于物也”。人的智能有限，苦思冥想不如善于学习；踮起脚远望，不如登高望远。登到高处，胳膊没有加长，别人在远处也可以看得见；顺着风呼叫，声音没有变得洪亮，远在别处的他人也能听得清楚。借助车马的人可以很轻易地到达千里之外，这并不是因为他的脚比别人走得快；借助舟船的人可以轻易地横渡江河，这也不是因为他比别人善于游泳。君子的资质禀赋并非与他人不同，只是君子善于借助外物罢了。看待任何问题，都要尽可能顺势而为，而不要逆势而行。比如选择自己擅长的事情去做，找人合作做自己不擅长的事情等。有些人的心理比较脆弱，如果在教育中常常体验学习上的负面情绪，又逃无可逃，就会不断豢养“负面情绪”，久而久之，负面情绪就会成为根深蒂固的习惯，这样就会让生命多出很多负面的限制和不必要的束缚。所以，遇到无法解决的困难，在坏情绪到来乃至失控之前体面地抽身而去，还自己一份尊严，也是一种懂得绕行、迂回、巧干、转向的智慧。学会趋乐避苦，没必要处处逆流而上、知难而进，学会重新调整自己的观念、自己的方向、自己的道路、自己的战术，始终保持自己的觉知，留心自己的感受，照顾自己的情绪，才能把自己调整成最有活力的状态，趁“浪潮”高涨的时候，顺势把自己带到“顶峰”。

2. 学习之趋乐避苦与教育领导的欠缺

学习是生命获得成长的方式，人通过学习实现成长。学习是每个人自我修行的必经之路，学习是生命的一部分。从这个角度看，学习本该是一件快乐而自然的事情，本该洋溢着心甘情愿、热情和喜悦。学习不应该是死气沉沉的，不应该是严肃枯燥的，不应该是充满条条框框诸多限制的，不应该是“胡萝卜加大棒”式的。然而，我们早已习惯用痛苦的方式来学习，用恐吓和高压的方式、用“猫捉老鼠”的方式教育人好好学习，似乎只有痛苦、恐惧才能带来动力和努力。

“学海无涯苦作舟”“少壮不努力，老大徒伤悲”“吃得苦中苦，方为人上人”“吃不了十几年学习的苦，就要吃一辈子生活的苦”等，这些话深入人心，但是也会让人对学习有了一种先入为主的错误信念，认为学习就等于苦和难，学习是获得成功的工具，而获得成功犹如“蜀道之难，难于上青天”。我们让痛苦成为日常的习惯，而不是让快乐成为日常的习惯。毫无来由的压力、焦虑和不快乐，莫名其妙的担忧、恐惧、不安全感充斥心灵的后果，使不快乐的生命底色深入骨髓，而与简单的快乐和纯粹的生活失之交臂。

在教育上，我们要杜绝上述的负面心理暗示，多给予正面积极的心理暗示，改变潜意识里的消极思想，用积极思想激励自己。否则，负面的心理暗示会让人缺少胆识、梦想、勇气和冒险精神。烦恼、恐惧和担忧情绪，只会让人还未出发，就已背上了沉重的包袱，最终会被各种负面的情绪弄得筋疲力尽、劳累不堪，更别提神采奕奕、身轻如燕、健步如飞地奔赴梦想了。

快乐的学习情绪展现的是我们内在的和谐，不快乐的学习情绪展现的是我们内在的分裂。我们应该让苦读变成乐读、让苦学变成乐学，用快乐的正反馈来激励自己，而不要用痛苦的负反馈来鞭策自己。我们应该学会通过学习来圆满自己的内心，让自己越学习越洒脱、越学习越解放自己，这才是学习的真正意义和价值。

真正的成功并不像我们头脑中想象的那么艰难。成功的道路并不拥挤，资源并不稀缺，每个人都有自己独特的位置，每个人越容易地做自己越能“补圆”这个世界。如果每个人找对适合自己的道路，找到适合自己的工作方法，成功可以是轻而易举的。过分的担心和不必要的担忧，或者为过去发生的事情而懊悔、为未来要发生的事情而不安，并不会对当下有所助益。只要我们勇于尝试，敢于探索，遇水搭桥，遇山开路，总能实现梦想。

快乐学习是不抱功利心、不抱小我的智慧。通过痛苦不堪的学习过程来获得金钱、物质、盛名、他人的认可，无异于水中捞月、缘木求鱼。用牺牲当下的快乐作为代价来换取外物，得到的只是短暂的欢愉，短暂欢愉之后又开始进入追逐外物的痛苦轮回中，伴随的还有不知所措的迷茫感和求而不得的失败感。所以，企图通过痛苦学习来满足欲望进而获得快乐的行为，无异于飞蛾扑火、抱薪救火，是完全背道而驰的行为。所谓“种瓜得瓜，种豆得豆”，那么种快乐得快乐，动机和过程决定最后的结果，是生命的常识。

水顺流而下，是一种自然规律，也是一种人生态度。生命是一条大河，我们要在生命之河中愉快徜徉、顺流而下，以顺其自然、安常处顺、顺势而为的态度面对生活中的一切，而不是逆水行舟、逆风撑船，这是教育领导者常常缺少的一种教育态度和教育智慧。

3. 情绪之趋乐避苦与教育领导上的欠缺

中国人向来有一种不善于表达内心情绪和感受的特点，许多人习惯于压抑自己真实的感受，总是束缚自己的情绪。然而，压抑情绪的坏处很大，不仅伤害自己的身心健康，还会导致人变得表里不一，最终无疑也会伤害他人。

允许和接纳孩子表达自己的伤心、愤怒、恐惧，给他的真实感受一个“确认键”，可以帮助他建立与他人的界限感，让他先学会自爱，然后再由己推人，从而拥有自由表达和互动沟通的能力。这样，他既可以爱自己，又可以感同身受地去爱他人。如果一个人的情绪在养育者和教育者那里没得到接纳，他就会无法接纳自己，无法接纳自己也就无法接纳别人，这样的人，在关系中的个人边界容易被他人侵犯，或者容易去侵犯他人，出现自我攻击或攻击别人的问题。

科学家发现，情绪是人维持生存和保持健康的必要工具。情绪是不可或缺的，其本能反应可以帮助人们在复杂处境中生存下来。例如，恐惧会提醒我们危险的到来，让我们做好逃跑的准备，为我们下一步的行动积聚相应的能量；愤怒可以释放出很多荷尔蒙，让人做好进攻的准备，从而吓退对手；忧伤可以促使眼泪分泌，是一种发泄痛苦的方式；喜悦是天然的抗抑郁剂，能够产生快乐激素，增强人体免疫力。假如没有喜怒哀乐的情绪，我们就变成了“生物机器”，变成了“人形生物”，而不再是活生生的人。当然，如果我们任由情绪左右自己，那么我们就会成为情绪的奴隶。

其实，只要经过一些自我觉察和训练，觉察自己的情绪，并适当地释放情绪，那么其就不会积压并爆发。有了正常的情绪表达，情绪就可以成为人们工作和生活中不可缺少的缓冲剂和调节器。

三、清理情绪的艺术与教育领导

1. 清理情绪的艺术

大家都认同垃圾对环境的负面影响非常大。城市文明的一个重要标志就是不随便丢弃垃圾，并且能对垃圾进行分类投弃和废物再利用。因为物质垃圾是有形可见的，所以我们可以很容易地看到它们的来处和去处。而心理垃圾无形，所以我们对心理垃圾的处理能力，远远没有达到我们处理物质垃圾的水平。

心理垃圾也是垃圾，如果不注意它的来处和去处，随意丢给亲人或者他人，会导致家庭气氛不和谐、同事关系紧张、社会充满戾气等诸多问题。如果把心理垃圾丢给自己，而不懂得疏导和转化，则会伤害自己。传统中医理论认为，人有五志，为喜怒思忧恐，与五脏有密切关系，怒伤肝、喜伤心、忧伤肺、思伤脾、恐伤肾，要想拥有一个健康的好身体，就要善于调节情绪，善于调摄情志。

就像我们会把垃圾扔到垃圾桶里一样，我们也可以把自己的心理垃圾扔到自己设定的“情绪垃圾桶”里。例如，在安静无人的环境里和自己对话，或者把自己的心事写出来、画出来，或者摔枕头、捶沙袋、跳舞、唱歌，做一些自己喜欢的事情，把自己的情绪以无害的方式表达或发泄出来。类似这样的自我表达、自我复盘，可以帮我们理清自己的情绪，从而清理掉不必要的心理垃圾。

清理自己的情绪垃圾有一个原则，既不压抑自己的情绪，也不任性宣泄自己的情绪，既不要伤害自己也不要伤害别人。如果自己实在帮不了自己，确实需要他人的协助，可以向自己的家人和朋友倾诉，也可以向专业的心理咨询师求助，还可以给专业的心理志愿者热线致电寻求指导。同时，我们应避免因为别人的事情而让自己陷入负面情绪，对于那些四处散发负能量的人，要尽量避而远之。

总而言之，我们遇到事情时要允许负面情绪出现，不拒绝它、不排斥它，接受自己的负面情绪，让自己与负面情绪共存，停止更正它，停止去评判它，就只是感谢负面情绪，明白它是在提醒自己更清楚地认识自己。因为你越是抗拒它，它的力量就会越持久、越强大，你越是关注它、越是执着于它，你就越被困于其中。与情绪和谐相处，全然地允许它，甚至感谢它，并对自己保持悲悯，不让自己怀有罪疚感，是做好情绪处理的第一步。第一步处理好了，自己的内在就会升起力量，自然过渡到第二步。第二步就是不被负面情绪所困住，能够跳出，能够转念，能够转移注意力，从而不被情绪所掌控。第二步如果能够驾轻就熟，就能够很容易地从负面情绪转换到正面情绪，那么第三步也就水到渠成，即跳出对正面和负面情绪的二元对立判断，能够平等看待正面和负面情绪，全然地允许自己经历它们，体验和感受它们对自己的冲击和影响。然后就可以自然进入第四步——超越情绪，即正念觉察情绪，觉察到它的来临，却不认同它，让自己成为旁观者和局外人。无论哪一步，最关键的都是全然接受自己，不给自己制造矛盾，不与自己对抗，不与自己分裂，让自己的感觉和内在的思想合二为一，只有这样身心才能安定和自由。

2. 教育领导与清理个人情绪的艺术

教育领导者应该帮助孩子们学会接纳和表达自己的情绪。“用心若镜，物来则应，物去不留”，应教育孩子们学着保持对自己包容、对他人敞开的心态，学着忘记生活中的不快乐，给孩子们创造自由自在的氛围，让孩子们毫无恐惧地去感受真实而丰富的生命体验。教育领导者应该以自己的言传身教来告诉孩子们，曾经刻骨铭心的一切都会随着时间变得平淡，未来无法预期的一切都会随着时间变得明确。能够驾驭自己的情绪，能够成为自己情绪的主人，学着轻装上阵，是一个人不断成长的表现。

情绪是内心感受的外在表现，而内心感受归根结底是由自己的认知决定的。自己的认知是由自己选择的信息所组成的，是自己已有的价值观及生活经历相互作用形成的。这些认知未必是完整的、真实的，我们需要觉察这些情绪背后的信息，并且核实其真实性、完整性，通过重塑心锚、改变认知，改善内心感受，表现出积极快乐的情绪。带着这样美好的心态去做事、去处理人际关系，才能收获美好的工作和生活状态。

对待他人的情绪也是同样的道理。“一拳打在棉花上”，意思是拳头打到软绵绵的棉花上，就会无处着力，有劲使不上。比如，当别人指责自己“能力差”的时候，自己会出现生气和烦恼的情绪。这个时候，要觉察自己为何对“能力差”这样的判断有如此的情绪，是不是自己内心的自卑造成自己不允许别人说自己的能力差，或者是别人所说并非事实，而是毫无理由地迁怒？如果是前者，那么就应该看到自己自卑的深层原因，努力改进；如果是后者，则可以不用理会，因为自己问心无愧，不需要用别人的错误来惩罚自己。

诸如此类的向内觉察自己的情绪、接纳自己的情绪、清理自己的情绪、善于使用自己的情绪等，都属于情绪领导的艺术，都是教育领域中很重要的一部分内容，不能让这一部分的教育缺失，不能把这一重要的功课留给孩子们走进社会之后再去补。作为教育领导者，应让孩子们从最初的教育中就能掌握情绪管理的诀窍、了解情绪管理的奥秘、掌握情绪管理的门道，让情绪成为他们成长的踏脚石和敲门砖，让每个人都有足够的精神能力为这个世界献出更多的欢欣鼓舞、更多的智慧光明、更多的和平喜乐，人人太平则天下太平。

3. 教育领导与清理组织情绪的艺术

一个组织是一个有机体，是一个有组织情绪的有机体。如果一个组织整体的情绪积极向上，没有太多的情绪负担，那么工作效率自然而然会提高。在学校中，免不了出现个体与个体的冲突，此时情绪的传递和延伸就会影响整个组织的情绪。我们要构造出一个情绪“自由”的组织。在组织中，个体对组织或个人的意见可以通过有效渠道来表达，并得到适当的反馈。如此，学生、教师、管理者在工作中才可以毫无负担，负面情绪也不会因为得不到表达而四处蔓延，工作环境就能轻松愉快。

学校组织制度、组织生活、组织观念中都不应该缺少情绪的缓冲区和调节器。例如，学校领导有倾听员工投诉、抱怨、申诉的工作职责，因此可以设置固定的时间、固定的人员负责，通过接受员工的预约，倾听员工的诉求，并通过调查真相，跟踪解决员工的问题。如果申诉渠道、申诉程序、申诉结果有一定的保障，员工的情绪就不会积压，就不会导致更为复杂的问题出现。对待员工的情绪问题，不要去围追堵截，而要直面问题，疏导、引流问题。

对于学生，学校可以提供专业的心理咨询师，设置定期的心理咨询预约制度，切实提供有利于学生疏解自己情绪的通道。对于学生面临的人际问题、学习问题，也要有保障隐私的申诉和投诉渠道，并且所有投诉、申诉均要落实真相，保证投诉、申诉问题得到真正的解决。

要给予教师更多的自由时间。要想让一个人的内心世界有足够的广阔空间，就必须让一个人的外部世界有足够的空闲，所以要保证教师周末和寒暑假的休息时间，不要让教师周末和寒暑假也奔波于各地的培训和学习中。让教师能够在闲暇时光里，舒缓自己的紧张和压力、主动清理自己的情绪，让自己回归本心，获得内心的平静，这样再次投身工作之时又可以以全新的面貌应对琐碎繁复的工作。如果一幅画的色彩太多、内容太满，并不能算得上完美的艺术作品，适当的“留白”反而对于提升视觉效果大有益处。对于教育领导而言，应该让每一位教师都能够得到自我修正和自我调节的“留白”时间，过于严苛只会失去适度管理可以产生的最大效益，为教师带来更多的倦怠感和对抗情绪。

还要给学生留出足够的自由时间和空间，不要把学生在校的时间安排得过满，不要让学生的成绩和升学率成为教育者名利双收的工具。大家要一起改变病态的教育焦虑，给学生更多的自由活动、自由运动时间，给学生更多的心灵陪伴和体育活动时间，给学生更多同伴之间的交往合作机会，让他们享受同龄人之间才可以分享的乐趣和快乐。

教育领导者的观念一定要改变。现在的学习成绩并不决定未来，只要怀有学习兴趣、积极努力的心态，学习的过程永远重于学习的结果。师生都应该把学习看成当下的体验，不必每时每刻焦虑地学习，让每个人都能够收获快乐的体验、美好的回忆、纯洁的关爱，从而让孩子们保持或者重拾他们内在的和谐。

此外，大自然和运动最能疗愈身心。《诗经》里说：“**我心悠悠，驾言出游，以写我忧。**”我们应该多到大自然中感受和体验生机勃勃的活力，在大自然的丰富恩赐中清理自己的内心。“清风明月本无价，近水遥山皆有情”，寄情山水自然之中，才能升起敬畏生命和热爱生命的心念，从源头上远离负面情绪。另外，也要善于挑选适合自己的运动，运动可以让自己的身体更加健康、更加舒适，让自己的情绪更加平和、平静。

4. 教育领导与清理内在限制的艺术

《人类木马程序》一书指出，人类的头脑好比一台程序复杂的电脑，电脑外显的界面是我们需要看到的界面（表层意识），但决定这些界面的却是隐藏在电脑中编好的程序（潜意识）。正是受这些看不见的程序的驱动，我们才呈现不一样的价值观和相应的行为。在这些看不见的程序中，存在类似电脑木马病毒一样的成见和偏见。在这些木马程序的运行之下，我们注定会产生消极情绪，导致我们产生较差的生命体验。所以我们应随时辨识木马程序，所有引起恐惧、怀疑、怯懦、愤怒、谴责、自卑、愧疚感的观念，就是潜伏于头脑中的木马程序。在漆黑的潜意识中为自己点燃一盏充满爱和感恩的“心灯”，时刻用爱和感恩之“心灯”将木马程序一一击破，我们才能达到平和与感恩的情绪频率，才能过好幸福的人生、创造美好的未来。

人的脑海中或多或少存在着两种相悖的思维程序，一种是积极开放的思维，另一种是消极限制的思维。以积极开放的思维、借事修心的态度面对生活和工作，能够积极寻求内心的改变，能够以开放的态度主动寻找解决问题的途径和办法，能够抓住事物的本质规律，使自己在面对和解决问题之中提升自己的认知水平，实现认知跃迁，获得内在的改变和成长。而消极限制的思维则是消极地面对工作生活中遇见的困难和挫折，总是将责任推给别人和外在环境，经常用逃避和攻击的方式面对问题，无法用开放和有爱的方式来解决问题，无法获得内在的成长和进步。教育领导的艺术，在于通过教育领导和相应的管理制度帮助人不断修炼自己的内心，让积极开放思维成为人生命里的主导思维方式，同时“解锁”和“移除”内在消极限制的思维模式，帮助人突破内在阻力，以积极开放的频率和磁场去学习和工作。

王阳明言“心外无物”，我们看到的和理解的世界，都是我们内心的呈现，并不一定是人和事物的原貌及本真。我们应该从思想认知层面去探索我们的内在观念，突破自己原有的思维框架，重新审视自己的人生，重新设定目标，对自己的内心“时时勤拂拭，勿使惹尘埃”，才能创造全新的人生。

第四章

身脑心合一与教育领导

一、身脑心的合一

人的一生，只有拥有了健康的身心，才能奢谈其他。善待自己的身心，是一个人最明智的行为。健康，包括身体健康、心理健康和精神健康，即身健康、脑健康、心健康。身脑心健康是人生的第一财富、第一价值。

身体、心理和精神既相互影响，又独立运作。身体（Body）有很多机制是自发运行的，如我们的心跳、呼吸、视觉、听觉这些生命活动不需要通过大脑思考来发出指令。头脑（Mind）即心理中的思想、观念、念头，它们形成我们的心理活动和心理状态。心灵（Heart）指人们心中的感受和情感，是不需要大脑的思考判断就从心中涌出的自然而然的感受体验。

健康的教育领导者是组织的第一财富。教育领导者拥有健康的身体，可以应对耗费体力的加班和额外的工作；教育领导者拥有健康的头脑，可以更好地应对人际关系的冲突和不和谐；教育领导者拥有健康的心灵，可以更好地应对工作上的失败、挫折和困难，可以用充满人文关怀的态度来面对他人和自己。身脑心健康的领导者是完整、合一的人，是内外合一、表里一致、言行一致的人。这样的人能够真实本然地面对自己、面对他人，能够诚实守信、诚恳待人。

心有敬畏，自然行有所止；心有观照，自然行有所察。一个善待自己身体、头脑和心灵的人，更适合做团队的领导者。因为，当一个人对自己的身体、头脑和心灵有更多的觉察和敬畏时，自然会更加觉察和敬畏他人的生命，自然也更懂得如何激发员工的主动性和自律性。

1. 善待自己的身体

身体健康，是身脑心合一的重要基础。当一个人身体健康、精力充沛时，心情会更加愉悦，对外界也会充满求知欲和好奇心。

我们要建立起对身体的信任感。身体中充满智慧的机制，即具有自我疗愈、自我修复、保持平衡、保持健康的智慧。天地父母和生身父母给予我们的这个身体，具备一种与生俱来的神奇力量。身体所拥有的神奇的免疫力、抵抗力和自愈力，医生难以解释，药物无法企及。身体造血的机制，是世界上最先进的科学仪器都无法完成的。我们应爱护身体，不要虐待身体，不要折磨身体，不要透支身体，要远离不好的生活方式，抛弃不良的嗜好，不要用各种焦虑烦恼、“五劳七伤”增加身体的负担、破坏身体的平衡。人极容易犯的重大错误，就是拿健康来换取身外之物。珍惜健康、感恩健康是人一生中需要承担的首要责任。善待自己的身体、珍爱自己的身体、感恩自己的身体，才能让身体时时保持活力和健康。

我们要好好地与自己的身体对话，好好地感受身体发出的信号。我们常常在身体舒适的时候，对其毫不在意，而当身体的某个地方不舒服时，才会觉察到它的存在。作为拥有心智和意识的人类，我们应该积极地去认识自己的身体，感知自己的身体。

在身体舒服的时候，我们可以闭上眼睛从内在感觉自己身体的每一部分，感觉头、肩、颈、胸、背、腿、脚、臂、手的存在，再深入一些，感觉自己呼吸、心跳的存在，感受身体里奔涌不息的生命力量。经常这么做，自然会升起对自己身体的爱意、对自己生命的敬畏，进而升起对他人和万物的尊重和珍视感。

很多时候，我们的注意力常常集中在身体的感官上面，一直在殚精竭虑地想东想西，眼睛一直在东张西望、左顾右盼，耳朵里一直塞着耳机听这听那，嘴里一直塞些零食嚼来嚼去，似乎人只要醒着就一定要做点什么。其实这些感官刺激非常消耗身体的能量和元气。正如老子所说："五色令人目盲，五音令人耳聋，五味令人口爽，驰骋畋猎令人心发狂。"缤纷的色彩，使人眼花缭乱；嘈杂的音调，使人听觉失灵；丰盛的食物，使人舌不知味；纵情狩猎，使人心发狂。宫、商、角、徵、羽五音乱耳，红、黄、蓝、白、黑五色盲目，贪、嗔、痴、慢、疑五欲烦心。

善待自己的身体，需要我们每天花些时间闭目养神，养精蓄锐，让眼睛向内看、耳朵向内听、意识向内想，感受自己身体的信号，聆听自己身体的声音，与身体进行不间断的沟通和联结。尤其是在这个各种事物琳琅满目、目不暇接的时代，我们更应该经常关闭感官，让感官知觉通过休息恢复活力。

如果不懂得适时关闭感官，人就会慢慢失去自己的知觉，嗅觉、味觉、触觉、视觉、听觉等都会慢慢退化。好比一个思虑太多的人，并不会思考，甚至等同于毫无思考，因为思考需要一个明晰的大脑，而明晰的大脑需要“留白”的空间和时间。所以说关闭感官与开启感官都是善待身体的同等重要的大事，我们应该能够自由收放、不偏不倚，只有这样，我们的身体才是整合的、平衡的，才是完整的、和谐的。

关闭感官不是排斥、无视自己，让自己不去体验感官享受。恰恰相反，在开启感官的时候，我们应全心全意地觉知感官的体验，包括吃东西时一心一意地品尝，听音乐时心无旁骛地倾听，运动时好好呼吸新鲜空气、全心全意地感受呼吸的节奏、体会身体内在的生机与活力……在可以安静的时候，则关闭感官，将注意力从外界收回，让身体完全休息，获得放松和安静。

现代教育总是教人去开启感官，却极少教人去关闭感官。一方面，我们让学生去多思考、多写、多听、多练；另一方面，我们更应鼓励和提醒学生去感受自己的直觉，去休息、去放空、去静默、去独处。

总之，教育领导的艺术，在于定位正确的方向，找到做事的妥当视角。当社会在鼓吹开启感官时，教育领导恰恰要反其道而行之，鼓励更多的静心、更多的独处、更多地回到自己的内在节奏和本心上来。

2. 念头或思想的整合

我们身体上的很多不适和紧张，都源自头脑中的观念。身心合一，不仅要善待自己的身体，也要善待自己头脑中的各种纷杂思绪，让自己的内在观念协调一致，让自己的想法与行为保持一致，让自己的表层意识与潜在意识都能够达成一致的状态，身脑心合一才能更好地促进身心健康。

当头脑中的各种观念有一种内在的一致性的时候，人就会呈现出三观正确且稳定的状态。这样身心合一的人既不会固执己见，也不会人云亦云；既不会自相矛盾，也不会自我设限。如果一个人头脑中的观念总是打架，表层意识和潜在意识总是相互矛盾的，就会产生各种妄念杂念，那么即便当下没有表现出问题，也会随着时间推移显露出许多复杂而麻烦的生理、心理和精神问题。

健康的人，是身体、头脑和心灵合一的人。身体、头脑和心灵不合一的人，头脑紧张混乱，自然无法平静沉着地做事。即使身体看起来是放松的，但内心的紧张无序，也会导致头脑里充斥着各种各样的想法，这样的状态会无端制造不必要的心神分裂、精神内耗，进而产生内在的对抗和冲突。例如，当我们无法接纳现实的我、真实的我，渴望完美的我、理想的我时，内心就会产生分裂；当头脑里一边想做个无私的圣人，一边想做个自私的小人时，就会产生纠结；当为了某个目的而做自己内心不想做的事情时，就会产生痛苦；当本身的能力无法匹配过高的欲望时，就会产生嗔恨。这些都是一个人的观念或思想无法合一的表现。

如果一个人头脑内的思想是整合的，他的心就可以安定下来。一个内心安定、宁静的人，自然可以保证更好的工作品质，可以更精准、专注地找到适合自己的事情去做，而不会耗费大量的时间和精力去低效工作，或者追逐根本不适合自己的目标。

现代人把精力过多地消耗在思虑上，思虑过度导致紧张焦虑的应激情绪过度，而紧张焦虑的应激状态持续时间过久，就会进一步加剧过度思考。现代人总是让自己的头脑处于紧张状态，时刻保持着随时冲出去“战斗”或者随时“逃离”的压力状态。这让头脑很难放松，因此也很难保持清醒和平静，甚至可能严重影响日常工作和生活，持续的恶性循环更会让人陷入身心内耗的不健康状态。

社会中的人是如此，教育领域的人其实也是如此。学生身在学校，每天背负分数和排名的压力，在思虑过度的情况下紧张地学习，完全不敢放松。还有一些学生则在思虑过多的情况下选择了“鸵鸟策略”，逃避学习，让自己投身游戏或者其他能够带来短暂欢愉的事物上，以暂时逃避内心的压力和思虑。这些都是消耗气血、极大透支人体精力的表现，而不是蓄积能量、滋养身心的健康方式。

教育领导者应该积极改变这种现状，让学生们的学习动机不是来自恐惧和压力，不是来自自我怀疑和自我打压，而是来自一种对自己的信任、对未来的信任，来自内心的平静。“非淡泊无以明志，非宁静无以致远”，学生不应以结果为目的，不应以结果判断自己的未来，不应以结果评判自己的价值，应该用一种尊重生命、蓄积能量、涵养气血的放松方式来学习，始终把自己的身心健康放在第一位，始终以身心健康为目的，而不是以身心健康为手段。

3. 呵护自己的心灵

“天下无难事，只怕有心人”，做人就要有心，做事就要用心，呵护自己的心灵，通过做事来养自己的心，通过养心来存好心做好事。有善心的人，既能善待自己，又能善待他人，懂得“老吾老以及人之老，幼吾幼以及人之幼”。有爱心的人，是有真情和真爱的人，他们爱一切值得爱的人、事、物，能够让他人因自己而感受到美好和从容。有责任心和进取心的人，对于自己认准的路，只要不妨害他人，就能坚持走下去。有平常心的人不贪心、不浮躁，他们真心真意地对待自己的人生，拥有更多的欢乐和洒脱。为人处世，说话办事都要发自内心，不说昧良心的话，不做昧良心的事。常言道：“为人不做亏心事，半夜敲门心不惊。”心地善良的人，可以感受到发自内心的恬淡快乐。有心人是健康的，走心人是合一的。心地善良美好的人，身体自然也会更加健康。

“一切福田，不离方寸，从心而觅，感无不通”，良心比能力重要，信心比资源重要，决心比制度重要，恒心比措施重要。以感恩珍惜之心、真切渴望之心、恭敬谦卑之心去学习，效果一定好过以功利之心、敷衍之心、应付之心、厌烦之心去学习。

做事“走脑”的人依靠的是思考，凭借的是理性，运用的是规则和秩序，总是希望通过逻辑、推理、计划、盘算、谋略等来找出问题的最优解，其结果也许是理性的，是合乎成本效益的，但却不一定是最适合自己心灵的。

做事“走心”的人依靠的是感觉，凭借的是直觉和灵犀相通，运用的是共情和共鸣，看重的是以心换心、将心比心、推己及人。走心的人总是一切从感受和情感出发，认为做事应遵从良心良知，做事应先情后理、由情入理、合情合理，其结果往往是将人、物、景融入自心，这样就一定能找到最容易被他人接受，也最适合自己心灵的方式。

有心的人能够诚信做事、诚实做人。他们之所以这样做不是通过理性思考、算计得失而做出的选择，也不是被法律规章所逼迫出来的，更不是后天习得的礼节习俗所约束出来的，而是内在品质的体现、内心原则的外显，是真心真意的表达。

人生大方向，就是要点燃心灯，让此心光明，把握决策方向要走心，拿定方法主意可以走脑。一个人过于依赖头脑，过于精明算计，就会屏蔽掉心的功用，成为无心的狠角色，由于功利性太强，常常事与愿违，最终捡了芝麻丢了西瓜，占了小便宜吃了大亏；反之，完全无脑，过于愚傻，则会限制心的功用，无法发挥心的作用。头脑用来外观世音，心灵用来内观自在。头脑用来洞世事学问、解人情练达，心灵用来察人性之美、存善心善德。心地干净，则头脑澄明，头脑澄明，则心地干净。

科学家发现，心脏是人的第二个大脑。“以往我们大多相信大脑是唯一能生产促进爱心和增进人与人之间感情的内分泌激素的地方，但是现在我们发现，心脏也能生产这种激素，不仅如此，它还生产其他的激素。”科学家约翰和碧翠丝·莱西的研究还发现，心脏能够不受大脑与自主神经系统的约束独立做出决定，特别是当它处于和谐统一状态的时候，它甚至能够促使大脑遵循它的电频率信号。[①] 可见，心脑之间，要以心为主，以脑为辅，心脑相互辅佐才是最好的平衡、最好的合一。心脑合一为我们带来身体和精神的统一，为我们带来和平、喜悦、和谐，从而达到知行合一、天人合一的境界，可以使我们在任何境遇中都能随境流转、随心所欲而不逾矩。

4. 身脑心的整合

如果我们把自己视为一个能量系统，那么身体、头脑、心灵都散发着能量。能量和谐，才是开展一切活动的基础。能量场越稳定，身体抵御外界侵袭和适应外界生存的能力越强，情绪、心理及精神方面的定力就越足。所谓的能量场充

① Anne Li.新时代修行者对心脏的另类观[EB/OL].黄毓慧，译.http：//www.360doc.com/content/13/0916/17/13604_314877064.shtml.2013-09-16.

足，就是身体、头脑、心灵的放松自在，它们之间和谐运作，具有内在的一致性。

相反，如果身体、头脑、心灵任何一个能量场变得薄弱，甚至出现漏洞，身体的免疫力就会减弱，情绪、心理、精神健康也较容易被外来的负面刺激所影响。

《新进医学杂志》（*Journal of Advancement in Medicine*）的一项研究报告显示，当研究对象花费 5 分钟的时间回想那些令他们愤怒的经历时，他们的免疫系统的功能明显下降长达 6 个小时之久。相反地，当研究对象花费 5 分钟的时间从事一些以心为基础的心灵锻炼时，如修习慈爱观的静坐、将心专注于关怀与慈爱的情绪上时，他们的免疫功能会明显提高并恢复至正常水平，而且在同一天里还会继续升高。[①] 也就是说，如果我们的情绪低落或痛苦，能量就会流失过多，导致身体的能量系统失衡。如果我们的情绪高涨或愉悦，能量就会得到补充，身体里的能量系统也会获得平衡且可得到扬升。

身体与心灵相互影响、相互依存。我们的心灵状态，除了受限于头脑的认知和智力，还受限于身体能量的状态。身体能量混乱，内在也会混乱。身体能量和平，内在也会和平。相应地，思想混乱，身体的状态也较为混乱，思想通透，身体的状态也会通畅；心若悦，身体就可以得到心灵的滋养，身轻体健，心灵愉悦；心难安，则身体、头脑也

① Anne Li.新时代修行者对心脏的另类观[EB/OL].黄毓慧，译.http：//www.360doc.com/content/13/0916/17/13604_314877064.shtml.2013-09-16.

难安。

人头脑里的紧张、烦恼、焦虑和抑郁思绪，常常会导致身体承受其压力，导致身体紧张、无法放松，长期如此，则会导致身体处于亚健康状态，甚至产生器质性的疾病。身体的不健康状态，又反过来导致心情和情绪状态的不健康。人的心里向往的、头脑里渴望的、身体需要的，如果处在不同的状态，就会让人纠结痛苦，内在观念就会相互排斥、相互抗拒。

例如，一个人心理上向往瘦身减肥，吃了一点东西，就会开始懊悔、内疚，而节食的时候，心里一直渴望能够吃一点东西，却要克制和压抑想要吃东西的念头，如此的减肥瘦身其实就是折磨自己的身心，吃或者不吃都成了痛苦的事。珍爱自己，就要有意识地放松，让身体、头脑、心灵三者密切关联且和谐一致，当身体、心理、精神处于一种和谐的状态时，我们整体的能量才能够自然且畅通，我们的心意才能稳定而持续。

当身体、头脑、心灵不合一的时候，我们可能会不接受自己本来的样子，对自身真正的兴趣一无所知，由于太在乎外在的评价，内心充斥着矛盾和冲突。而当身体、头脑、心灵和谐一致地运作的时候，就会有清晰的思路和洞察力，内外混乱的观念就会得到清除，对真正的自己就会有清晰的接纳和了解。

当一个人能够甘于平凡，能够接受自己的脆弱，能够接纳自己的愚笨浅陋，才可以卸下紧张焦虑。当一个人不仅有勇气接纳自己不可改变的部分，而且有能力和意愿去改变那些可以改变的部分，就可以实现身体、头脑、心灵的合一。有许多人纠结、拧巴、较劲，根源就在于其在内心中塑造了一个“更完美”“更优秀”的自己，当现实中的自己无法达到这个期待的时候，就会产生自我否定和自我冲突。如果我们有勇气接纳真实的自己，我们就可以觉察反省自身，同时不否定自己，而是尽自己所能去改变那些能改变的，并且能坦然接受结果，有这样的心情和状态，做事的品质自然很高。

身心是一个整体，我们的身体健康出现问题，其背后很可能有心理方面的原因，而我们的心理健康出现问题，背后也很可能有生理方面的原因。现代心理学已经指出，很多时候，某种性格会导致某种疾病，某种疾病是某种性格状态下的产物，一种心理状况对应一种身体状况，一种身体状况对应一种心理状况。身体、心理和精神，它们是一个整体，它们相互影响、相互作用、唇齿相依、休戚相关。

现代人太过于依靠头脑来生活，而越来越听不到身体发出的信号和信息。身体有自己的智慧，头脑的理智和逻辑在很多场合并不适合用来指挥身体。头脑觉得想要吃甜食，但是身体未必适合甜食，头脑想要到达某个目的地，但是身体未必适合那个目的地。身体、头脑各有各的局限性，也各有各的作用。身体、头脑相辅相成才能获得康健。

格兰特·苏萨鲁和马文·奥卡合著的《三脑教练：开启头脑、心脑、腹脑合一的巨大能量》在其序言中指出，人有三个大脑，腹脑、心脑和头脑，如果用中国人熟悉的语言，就是指身、心、意。身、心、意组成了个体的生命，涵盖了躯体的生物本能、内心的情感直觉和头脑的思考运算三个层面的功能。这三个功能应该是相辅相成、和谐一致、统合平衡的。[①]然而，近代人类社会和文化的发展与进步过程中，存在着头脑的过度发展和运用，头脑独大，而忽略了本能与直觉、情感与感受，也就是所谓的“走得太快而丢掉了灵魂”，只是用理智的头脑拖着疲惫的身心向前狂奔。在生活中，有很多忽视身心感受的现代城市人，他们目标明确、行动迅速，但社会化太过、个性化不足，忙于达到外在的标准，而往往并不了解自己。由于失去了内在平衡，缺乏生命的活力与乐趣，常常陷入反复发作的焦虑、敏感、内耗等身心失调的状态，而后又不得不去寻求医生的帮助。

《三脑教练》一书的作者敏锐地指出，头脑只是人类社会活动中用以运筹计算的“程序工具”，其运算的方式、材料和判断标准，其实是人类社会约定俗成的结果，就像搜索引擎，功能强大，但显示的答案，只是源于人类已经输入进去的累积的信息。我们并非只有头脑的数据输入与优化选择。如果只是这样，身体与心灵又置于何处？如果没有本能和心灵的觉察、觉知，单凭我们的头脑，不一定能强过不断发展的人工智能。

总之，当身、心、意处于同一频率时，一切才会变得顺

---

① 格兰特·苏萨鲁，马文·奥卡.三脑教练：开启头脑、心脑、腹脑合一的巨大能量[M].石蕊，译，北京：华夏出版社，2019.

遂，才能事半功倍。因为此时的我们做一事就想这一事，行为既不拖延纠结也不急躁冒进，既不摇摇摆摆也不固执己见，做到实事求是、言行一致、知行合一。

二、身脑心合一的本质与教育领导上的欠缺

1. 念头的整合与教育领导上的欠缺

人产生每一个念头，都是通过使用和消耗能量来完成的。每个人的内在都是一个个念头组成的小社会。如果我们内在的念头不是合一的，心里一个声音想这样，另一个声音要求自己别这样，各种念头轮流上演，就会把自己淹没在各种不同的声音之中。这些内在念头的混乱，无端耗散着大量的能量，持续的内在对抗、冲突、拉扯、失序更会造成能量的失衡，让人疲惫无力，无法专注做事。

生命其实是一场内在整合的过程。内在整合为一的人，消弭了内在的冲突和对抗，他们的内在是有秩序的、笃定的和有力量的。此时，其对外在的世界自然也会更有操控感和驾驭感，因为建构一切外在秩序的底层思维，都必须从我们的内心秩序出发。不梳理自己的内在秩序，一味地寄希望于模仿外在秩序，无异于搭建空中楼阁，即使费尽心机，最终也会因为一点点的风吹草动而土崩瓦解。

那么怎样实现内在念头的整合呢？

首先，人只有学会独处，才能跟他人好好地相处。教育领导者要为师生多创造独处的时间和空间。现在的学校把学生们在校的日程安排得满满当当，让学生们忙于各种必修课、选修课、社团活动等。在家庭里，家长们把孩子们的课余时间全部安排占用，让他们把时间耗费在各种线上线下的课外班、特长班、补习班上。孩子们没有独处的时间，没有自主安排自己时间的权力。这样的结果是孩子们根本不会自己思考问题，根本不了解自己，一切都是“等、靠、要”。

教育者不要把自己当成拯救者，教育者的存在只是为了让受教育者有更清晰的自我意识，具备自我观察、自我了解、自我审视的能力，能够解构自己，也能够重构属于自己的一套反应系统。教育者需要创造让受教育者自己发现自己、自己看见自己、自己拯救自己的各种机会。在成长的路上，教育领导者不是要给人指路明灯，而是要让他们自己点燃自己的心灯，这盏心灯光亮可自照亦可照人，而这盏心灯需要好好独处时才能点燃。

其次，教育领导者不要给人下定义，不要对人做任何的评判，而应让人自己去观察、去感受，让人成为自己的主宰者，让人成为自己人生的创造者。一个受过教育的人，应该懂得不要将做自己主人的权力交付给任何人，否则他永远不可能成为自己。

教育领导者如果经常给人和事下定义，做出关于对错是非的评判，就会导致学生戴上虚伪的面具，压制自己的真实情感，学会迎合别人、迎合游戏规则、迎合外在的世界。这样的人或许可以非常精确地执行各项任务而受人欢迎，但却无时无刻不被一张无形的大网所束缚，他无法知道自己是谁，自己要走去哪里，无法找到自己的人生价值和人生使命，无法挖掘和释放自己的潜能。

那么，如何了解真实的自己呢？那就是不轻易做出关于好坏对错的判断。教育领导者应少给学生一些不必要的限制，少给一些不必要的制约，少给一些来自成人世界的评判，少增加一些烦恼，多添加一些快乐，多给一些欣赏和尊重，多给一些信任和赞美，让他们的内心少一些分裂和不自在，多拥有一些自己的思想和自由的意志。

再次，要抛弃一切的虚假，要教育人去做真实的人。一个人一旦戴上虚假的面具，内在的分裂就会消耗掉自己的力量，就很难认识自己，无法面对自己内心阴暗的部分，也就无法以一己之力反省觉察。明智的教育领导者不应通过说教训诫教育人，而要多提问，教人独立思考、独立判断，这样培养出来的人，才不会欺骗自己，才敢面对自己，才能了解和认识到自己真实的状态。一切事物都需要基于事实才能做出改变。如果不知道事实、不了解真实的自己，改变将无从谈起。或者说，任何改变都不能在虚假的地方开始，只有在真实的地方才能开始改变，自我改变也是如此。

教育领导者应该教育人勇敢做自己，无论自己是什么样的，都敢于看到自己，敢于照着自己本然的样子接受和承认自己。一旦我们尊重他们本来的样子，把他们当作人来尊重，他们就能看到自己，就能接受和承认自己，一旦接受和承认了自己，就能收回自己全部的力量，就有力量选择让自己作出某种改变。

每个人都要建构属于自己的世界，这个建构来自两个方面，一个是沉浸在自己的世界中感知自己，另一个是在大千世界里认识自己。独处是以自己为镜，是有意识地主动认识自己；相处是以别人为镜，是被动地认识自己。只有被动认识，容易带来压抑和痛苦，只有经过被动认识，再加上主动认识，才能给人带来内在的成长和成熟。正如村上春树在《挪威的森林》里所说：

无论全世界所有人怎么说，我都认为自己的感受才是正确的，无论别人怎么看，我绝不打乱自己的节奏。喜欢的事可以坚持，不喜欢怎么也长久不了。

最后，教育领导者自己也要学会与自己制造出一定的距离。领导者要想领导别人，先要领导自己，拥有清明的心智，学会作为一个旁观者看见出现在自己头脑深处的念头，看看这些念头是如何交织在一起形成思维模式和行为方式的，挖掘它们发起的根源，分析它们存在的原因，深思它们背后的立场和机制。

2. 身脑心的整合与教育领导上的欠缺

身脑心的整合可以给人带来一种超然的和谐。一个人一旦做到身脑心的合一，做其他事情就会变得非常简单。现代人被外界环境影响甚多，自身的欲望和野心更使得自己不断地异化、工具化。学者王邦雄、陈德和指出，当代人，身为自然物的形躯是忙碌不堪的，做社会人的心理是茫然不定的，人文心的性灵是蒙昧不明的，身心灵的生命三层次，都出现了病痛。症结在于心中无“道”，找不到精神的出路，则无法安顿生命。很难想象一个精神上无所依托的人，如何应对好生命中出现的各种问题，如何超越生命中各种各样的困难和束缚。

实现身脑心的整合，要让精神带动身体，让身体带动头脑，这是每个人都必须学习的一种领导艺术。整合自己的身脑心，要在精神状态良好的情况下，学会借助呼吸来整合自己。在一呼一吸之间，将意识拉回到身体的感知之中，进而腾空大脑、摒除欲望和杂念，从而放空心灵。

一种情绪对应一种呼吸方式。呼吸急促还是缓慢，与人的情绪密切关联。与之相应地，特定的呼吸方式也可以带来特定的情绪。当需要保持冷静的时候，深呼吸会让情绪平复下来，得到内心喜乐安宁的状态。中国传统气功、道家的养生学，还有西方的瑜伽和冥想中，都有调息的训练方法，即把注意力集中到自己的呼吸上来，让身心在慢下来、静下来中得到喜乐安宁。

学校的学习强度和学习压力，本身就很容易造成大脑的疲劳倦怠。学会时时刻刻调整呼吸，让自己的身体放松下来，进而让头脑放松下来，相当于给大脑放个假，可以让接下来的学习有更多沉浸式体验，进而获得高效率、高品质的学习。所以说，学生们课间除做眼保健操外，还应该做调息的练习。学会借助呼吸，调整好自己的状态，应成为学校生活的一种日常。教学生们了解各种呼吸法，诸如丹田呼吸法、图像呼吸法、深层意识呼吸法等，并将之应用于自己的日常学习生活之中，是教育领导者需要考虑的重要工作内容。

除觉察呼吸之外，学校应该多安排一些户外授课、户外运动、户外自由活动的时间。户外的阳光雨露、清新空气对于身心的和谐一致具有莫大的帮助。在教室上课时，不要用窗帘遮蔽户外的阳光。同时，每堂课使用白板、投影仪、电脑、平板等电子产品的时间应该控制在30分钟以内。超过30分钟，可以让学生闭目养神，吐纳休息10分钟。

另外，多给学生安静独处的空间，让他们可以独立思考，整理自己的思绪。这些都可以很好地帮助头脑、身体和心灵趋向合一，可以有效促进学生身心的健康成长。

三、知行合一、放松的艺术与教育领导

教育行业与商业经营性行业是有区别的，如果教育行业与商业经营性行业有相同的运行逻辑，那么就无法为社会贡献先知先觉的智慧。“春江水暖鸭先知”，教育行业应该是那个入水的“先知鸭”，教育行业的管理者更应该是那个最早入水的“先知先觉者”。因为懂得身心教育之道，所以能够

引领人才教育的方向；因为懂得生命存在之道，所以能够引领和扬升集体意识和社会共识。

1. 知行合一的艺术与教育领导

知行合一是一种做人的品质，也是教育领导者应有的品质。教育行业所存在的各种各样的知行不合一的怪象，大多是领导者知行不合一、行为前后不一致所导致的。

教育重在有教无类，学生都应该受到平等的尊重和公平的指导。然而，一些学校做的所谓因材施教的分层教学，背后隐藏着对学生成绩的竞争鄙视链。其目的不过是想把最好的资源输送给学习成绩好的学生，这样做不仅投入产出的“性价比”高，而且有利于在学校间的最终竞争中占据高位。这些表现无非是围绕小小的“我”画圈子，站在自我利益最大化的小格局上试图碾压别人。

教师最基本的要求就是能够做到公平公正、能够尊重和善待每一个人。衡量一名教师是否能够尊重善待他人，要看他对待差生的态度和对待弱者的态度。教师看待成绩不同的学生的眼光是一样的吗？教师看待家庭、社会地位不同的学生的心态是一样的吗？教师看待对学校的资源贡献度不同的家长的眼光是一样的吗？判断一所学校的文明程度，不是看它的硬件设施，也不是看师资和荣誉，而是看这所学校的教师是否都有师者之心，能否从“小我”的私心中跳出，能否用师者之心滋养学校里的每一个学生，以及学校里的最弱者、最短板是否得到了最良善的对待。

当前的学校已经开始像社会上的经营性企业挑选优质客户一样挑三拣四地选择学生了。经营性企业善于挑选身份尊贵、资源实力优越的客户作为VIP客户，如此从中牟利赚钱，一些学校也很善于如此“看人下菜碟”。很多人都说现在的教育培养出来的大多是“精致的利己主义者”，然而这些“精致的利己主义者”是怎么被培养出来的呢？身为教育领导者的人需要好好做做自我反省、自我批评。

教师管理中存在着学历鄙视链、职称鄙视链、论资排辈鄙视链、学科鄙视链、课题鄙视链、论文鄙视链，可谓“文人相轻，自古而然”。还有学校财力资源、人力资源、人脉资源鄙视链，家庭教育中的育儿资本鄙视链，不一而足，都是相似的现象。大家都不择手段、急功近利，用庸俗的“成功”来遮百丑，这何尝不是“厚黑学”在教育界的应用？

更好的教育等同于成绩排名？更好的教育等同于教师都是研究生学历？更好的教育等同于教师的职称等级高？更好的教育等同于课题论文的数量多？更好的教育等同于学校的政府资源好？更好的教育等同于家长的资源背景好？如果教育领导者从小给孩子留下的印象只有有形的物质，只有为着自己的小算盘做精确的打算，为了自保而睁一只眼闭一只眼，这样真能培养出优秀的人才吗？

成年人的认知和行为上的矛盾往往会投射到孩子们身上。如果成年人当面一套，背地里一套，说一套做一套，孩子们就不会相信成年人的说教，他们只能有样学样。如果成年人的认知都局限在“小我”之中，并且无时无刻不在处心积虑地打自己的如意算盘，那么又怎能教育孩子要大气、要有家国情怀？

在教育的殿堂里，教育领导者要高瞻远瞩、知行合一。教育有着强大的社会效应和社会影响力，教育需要奉行真善美，用真善美改变社会共识。教育领导者应努力提升自身的德行和学识，施展修身齐家治国平天下的抱负，而不是被社会上的成功学套路所裹挟，更不是被社会现实拖着走、陷入现实的泥沼。

教育领导者的知行合一就是认识真理、发现真理、追求真理、坚持真理、践行真理。不要过分依赖既定的习惯，要从心出发，在实践中印证心中的真理和良知，让心与行协调一致。不要因为自己的贪心和欲望失去客观分辨是非善恶的能力，导致错误的判断和决策。

"知之真切笃实处即是行，行之明觉精察处即是知"，王阳明主张知行并进，二者不可分割。知是行的主旨，而行是知的功夫，知行合一是一个螺旋上升、不断摸索的过程：一方面，行是在知的前提下开始的，在行的过程中又体验到新知，新知又指导下一阶段的行，这就是"行深知进"；另一方面，知是在行的前提下开始的，在知的过程中又体验到新的行，这就是"知进行深"。

读万卷书，不如行万里路；行万里路，不如阅人无数；阅人无数，不如高人指路；高人指路，不如自己开悟。在"读万卷书"中思考和提炼各种知识，将其转化成自己的常识，进而在"行万里路"中进一步认识和辨别，并将常识转化为学识。然后在“阅人无数”中，进一步考验和练习学识，并将学识转化为见识，再通过“高人指路”，将见识转化为远见卓识。最后，经过上述过程，远见卓识最终化为唯一的真理。当唯一的真理已经了然于胸，知行合一就会自然彰显，这时一个人就可以真正成为知行合一的人。

知与行本是一体的。知而不行，就是知还未完全到位；行而不知，就是行还未完全到位。“行到深处便可知，知到深处便有行”，双管齐下、循序渐进，便是走在知行合一的大道上。通过知行合一才能实现自己内在世界的和谐，再由内而外实现自身内外的和谐，然后推己及人，实现内在世界与外在世界的和谐，即达到整体合一、天人合一的境界。

总之，教育领导者要提升自己的眼界，摆正自己的三观，在学校管理实践中从小处进行思考和践行，并不断觉察和反思实践中未发生改变的旧习惯，不断提升自己的认知。慎思之、笃行之，这应该是教育领导者不断知行合一的自我成长路线。

2. 放松的艺术与教育领导

在今天这个竞争愈加激烈的社会，放松，在很多时候被人们视为一种懒散，人们常常把放松与“佛系”“丧”等消极状态联系到一起。很多人认为放松就是不作为，放松就是无所事事、放纵沉迷，还有些人认为放松就是去看电影、与朋友喝茶聊天，或者来一场说走就走的旅行。其实，放松并不等同于不上心、混日子，也并不是指做某些特定的休闲之事。放松只是一种无所欲求、无所期待的状态，跟正在做什么事情无关。如果内心依然有所欲求，即使正在做所谓“放松”的事情，也不叫放松。心态放松的人，可以感受到宁静从容，感受到自己内在的和谐。

在放松的状态下，人们可以凝聚更多向上的能量，可以更好地转化生活中的不良情绪，可以更细微地觉察生活、表达自己，获得生活的快乐和自在。可以说，一个人越是放松，就越有力量；越是放松，越可以做到滤去杂质、把握要义；越是放松，越能删繁就简、去芜存菁、返璞归真；越是放松，越能放下患得患失、庸人自扰的心理；越是放松，越能以平常心、耐心和爱心对待工作生活；越是放松，越能让身体和意识从一切现实束缚和过载信息中解放出来；越是放松，越能沉淀自己，越能展现自己更好的一面，越能专注于适合自己的事情。

人在紧张的时候，细胞、肌肉、血管、经络都会变得紧绷，细胞、肌肉、血管、经络的弹性会因为过度紧张而减弱，就像绷得太紧的弦会断一样，只有能够放松的细胞、肌肉才能释放出最强大的力量。人的头脑也是如此，一直处于工作状态的头脑、一直焦虑的精神都需要休息和放松来提高效率。否则，就会造成细胞活力的衰减，时间长了容易形成沉淀和瘀堵，导致病态。所以说，无论生理，还是人的心理状态，只有最极致的放松才能达到生命所能达到的最佳高度。

放松是一种身心同步的状态。身体放松，则精神放松；精神放松，则身体放松。身心都放松，精神内守，身心归位，内外一体，能量内部循环不耗散，能量与存在同频共振不消耗，身心就合为一个整体。在身脑心合一，身脑心三个层面协调运作的时候，和谐通畅的能量气场能够促进身体细胞生长与修复，抑制衰老和疾病，可以让我们更稳定、更鲜活、更有生命力，而紧张只会造成对立与对抗。我们应该主动通过调整思想意识、运动休闲、呼吸调息等方式，来放松自己的肌肉和内部组织器官。同时，身体的放松以及由此带来的生理上的健康体魄，又能引领我们的思想意识超越时间和空间的局限。可见放松对于身心的健康和活力都至关重要。

现实中一些人恰恰做着反人性的事情：他们对高度紧张“上瘾”，在自己稍微放松一点的时候，便会有一种强烈的罪疚感。习惯于紧张而不自知，而紧张让人们持续泄漏着自身的能量，尤其是这种心理上的紧张比身体上的紧张更加耗散能量。能量的消耗和损失会给身心带来难以恢复的疲惫，甚至带来各种潜在的疾病。

紧张使人的身体和心理互相牵绊、互相消耗，对身脑心合一造成很大的阻碍。紧张是一种赶任务的状态，是一种妨碍自身主观能动性的状态，是一种无法全身心投入的状态，是一种防卫心理的外在表现，是一种缺乏安全感的表现，是对过去存有困扰、对结果或未来充满疑虑的表现，是一种不满足于现状的状态。紧张的人是无法做好当下的事情的。

人们紧张和不放松，不仅有个体认知的原因，也有来自人类集体认知的原因。可以说，紧张是一种非常复杂的现象，其根源由来已久。例如，在人们的集体意识中，我们根深蒂固地认为这个世界上的资源是稀缺的，一切都是靠竞争得来的，这样的认知自然导致人紧张和担忧。然而事实果真如此吗？其实这些观念只是作茧自缚、画地为牢，只是集体意识中的共同认知偏差。

当人认为资源是稀缺的，必须靠争抢资源、靠抢占先机才能获得成功的时候，人的起心动念必然是不放松、无法怡然自得的，人必然掉到了紧张焦虑的黑洞里。那些本不稀缺的资源，他看不到；那些本不需要争抢的先机，他也看不见。看不见，所以不相信，因此更加紧张焦虑。

“成功的人是因为相信才看见，一般人要看见才会相信。”成功的人相信人生无极限，所以可以放松下来；因为放松下来，所以可以清晰地看见心中的渴望；因为清晰地呈现，所以可以克服困难、坚持不懈地到达目的地。我们应该学会在放松状态下激活自己的积极性和创造力，发挥出生命价值最大的可能性。放松的状态也是一种磁场和吸引力，我们可以用轻松自然的心灵塑造安心自在的真实人生。

这个世界上有无穷无尽的宝藏，也有生生不息的万物生灵。人类作为万物之灵，每个人都蕴藏着丰富的潜能，每个人都可以以不同的方式向这个世界贡献自己的力量。世界丰盛和富足的馈赠，是无法用贫瘠的言语来描绘的。新发现、新发明、新机会永远都在源源不断地涌现，所以我们没有必要紧张、担忧自己的未来。紧张、担忧不会带来成功，反而容易导致身心出现健康问题。

在紧张、不信任的偏见和自我预设之下，人会自制稀缺的体验，自己创造稀缺的氛围和环境。心理学中有一个“自验预言”，就是给自己灌输一个观念，最终自己会因为坚信这个观点而让其变成现实。而实际上，没有相关信息的选择和注意力的注入，结果并不一定会发生。可见，这种选择性的思维方式，使人过于执着地收集证明自己已有信念的相关信息和证据，而看不到事物的全貌，最终得出了自己早已相信的结论和早已预设好的结果，是一种“选择性失明”式的思维模式。这种“选择性失明”放在个体上只是涟漪，放在庞大的群体上，那将形成一股强大的洪流。在集体意识的洪流之下，每个人都容易被集体意识的洪流所裹挟，最终以偏概全、一叶障目。尤其是“稀缺”和“竞争”这些概念，更容易催生贪婪和担心错失的恐惧，在这种贪婪和恐惧的推波助澜之下，大家自乱阵脚，乱成一团。

大家所能看到的资源和先机是稀缺的，仅仅是因为大家囿于眼睛所能看到的、头脑所能认知的东西，而并没有看见整体的真相。如果总是紧张兮兮地担心、焦虑、忧愁，总是相信艰难竞争才是唯一的选择，总是沉浸在竞争压力巨大和生活辛苦不易的认知中，就会掉入紧张的惯习中，而永远不能放松、安定于当下的生活中。

一种思维习惯，最终会对应相应的反应态度和行为模式。相信资源稀缺、得靠争抢打拼的人，就会用争抢打拼的模式对待生活和工作。相信资源不是稀缺的、各种各样的资源丰盛富足的人，可以找到适合自己的领域满足自己的生存需要，会用从容应对的模式对待生活和工作。先不说两者的结果如何，单从两者的过程感受相比，就高下立见了。

当人认为必须运用各种竞争手段打败对手才能获得成功的时候，他必然是紧张的、无法放松的。成功并非为了让别人对自己印象深刻，而是为了让自己更开心。如果总是盯着竞争对手、总是向外看、总是马不停蹄，当然会觉得一切太难了。内心包袱很重的人，当然无法轻装上阵。

人生有时需要刻意为之，但也要懂得顺其自然。顺其自然并非一种消极的态度，而是尽人事听天命，保持平常心去做事，懂得人生在世很多事情要讲究自然而然，该怎么样就怎么样。如果太刻意、太偏执、太用力、太放不下、太舍不得、太忘不了，最后受伤的都是自己。每个人的人生都是起起落落的，大事、小事、好事、坏事都会发生，都不需要执着，都不需要投入太多主观情绪，不必要求特定的结果，这样就会少很多烦恼、少很多忧愁，更多地发现生命的美好。

教育领导者要教人“心生欢喜，咸淡相宜，尽力而为，随意而生”的生活态度和生活取向，要教人学会无条件地、无评判地、无抗拒地接受当下的每一个时刻，然后自然而然地回应。

教育领导者在教人努力拼搏、奔向目标的同时，要教人解脱烦恼、安定身心的道理：无论何时都要守住内心的平静，不责怪别人的同时，更要多多宽容自己，多给自己一些时间，多给自己一些理解，如此才能更好地奋斗；不要因为岗位微不足道就妄自菲薄、自怨自艾，三百六十行，行行出状元，工作无尊卑贵贱，只管付出不去计较回报，那么每个工作都有一方广阔的天地；做事时不要想着超越别人，不要强求自己成为第一名，不要要求自己比别人强，人最重要的是认真做好每一件事，不需要跟他人攀比，因为每个人都有自己的生活韵律和生命节奏；不要在乎别人的评价和看法，不要被别人的言语所左右，重要的是有自己的主见，能够根据自己的条件和情况，做出正确判断，做好手头的每一件事。

如果一个人被培养成目标取向的人，他将会为了获得而给予，而不是因为想要给予而给予，他将会因为有所求而努力，而不是因为无所求而努力，他将抱着期待而行动，而不是自然而然地行动，这样的行为逻辑将会导致这个人永远无法放松，永远紧张焦虑、痛苦不堪。反观教育领域，很多家长、教师将其自身的紧张、不放松的“病毒”传染给了孩子们，不准他们发呆，不准他们玩游戏，不准他们浪费时间，不准他们做无用的事情，不准他们有情绪，不准他们落后于人，不准他们无所作为，只要求他们考出好成绩、考上好学校、争当人上人……孩子们逐渐成为目标取向、结果导向的人，围绕功利主义的目标和结果而活，失去了他们的天真，渐渐陷入了强迫性勤奋上进、强迫性拼命学习、强迫性自律坚持的漩涡。泰戈尔说：“功利主义的人生就像一把没有刀鞘的刀子，锋利但是不好看。如果生活这盘菜，用这样的刀来切，便是一种让人难以释怀的悲哀。”

这样的人不仅功利主义，而且对自己要求过高，习惯于自我苛责，追求病态的完美主义，不敢允许自己做一个普通人，要求自己做到别人做不到的事，甚至要求自己达到无法企及的高度，即使真的达到了，依旧对自己不满意。他们像陀螺一样一刻不停地转，不敢让自己闲下来，一旦无所事事、无所作为，就会感到恐慌和焦虑，无论自己表现得多么优秀，内心也总是充满自我谴责和自我否定，无法产生内在的价值感和认同感。

其实，这种完美主义、自我苛责的人是很难真正成功的。因为这种心理状态会消耗掉大量的能量，最终导致其在成功这件事上裹足不前，或者导致其为了成功所付出的代价非常大且不可持续发展。而且在这种执念束缚、自我苛责的心态下，人生的格局就会变小，你越是求，越是求不到，越是心浮气躁、妄念纷飞，越是输不起，越是输不起，内在越是不清明，内在越是不清明，对自己的了解越不全面，从而越不能充分利用自己已有的禀赋资源，最终距离成功的目标也就越来越远。

心理学家曾做过这样一个实验：让被试者给小小的绣花针穿线，设置价值不同的奖品，激发他们不同强度的目的性。结果发现，被试者的目的性越强、越害怕达不到目的、越害怕失败、越渴望成功，手越颤抖得厉害，越不容易穿入线。心理学家称这种现象为"目的颤抖"。可见，一个人做事过于注重目的、过于在乎结果，反而不容易成功。放下所有执念，才能生"自然智"，所谓自然智，就是放松、遵从本性，本性中自然的智慧会引领你作出最好的决策和行为。

心理学中的墨菲定律也表明，人越怕什么越容易遭遇什么，越怕出事越容易出事，越担心失败，越容易遭遇失败。紧张、担心就像一种诅咒，而放松则是一种祝福。荣格认为，被你内心拒绝的东西，既是你最怕的事情，同时又是你以“不断的害怕和拒绝”之诱惑揽入心里的事情。斯坦福大学的一项研究表明，人的大脑里的某一图像，会像实际情况那样刺激人的神经系统。比如，当一个骑自行车的人看到路前方有一块石头，他一再告诉自己“千万不要把车撞向石头”，这时他的大脑里就会出现“车子撞向石头”的情景，而这一情景会指挥他的神经系统，使事情朝着他害怕的方向发展，最后车子大多会撞向石头。

究其原因，紧张敏感、满心焦虑的人，总是会从鸡蛋里挑骨头，去发现并不真实存在的问题，他们的思虑始终在负面暗示、负面想象、负面结果、被动防御的负面思虑上，让自己深陷在虚构的“不怕一万就怕万一”中，于是，他们唯恐的后果、他们抗拒的“恶果”成为一种强劲有力的反向力量，把他们推入其中。要想跳出来，就要将思虑聚焦在不紧张、不担忧的方面。只有放松下来，把目的看淡，对得失泰然，把前景看得明朗，胸怀宽广、平心静气，才能走向成功。

紧张过度的人往往形容中考、高考“如千军万马过独木桥，一分之差就被淘汰万人之下”“只有少数人过桥，多数人都掉到河里”。然而事实上，中考、高考不过是这个时代所设置的一种筛选机制，这个筛选机制是人生道路中的一个选择，但不是唯一选择。人生的道路千条万条无穷尽，绝非千军万马过独木桥。如果大家眼里都只看到一个桥，很显然这个桥上会人潮拥挤，甚至桥本身最终也会塌陷。当满大街都是文凭的时候，文凭还“值钱”吗？赚钱的门路千万条，三百六十行，行行出状元，在每条路、每一行，都可以谋生或成功。真正值钱的并不是某种文凭、某个行业、某个岗位，而是自己，是自己的价值、自己的眼界、自己的认知、自己的阅历、自己的乐观，是自己呈现出来的生命状态。

人生是一个终身学习的过程，需要不断学习、持续成长，需要选择那些能为自己所用的知识来不断提升自己，而不是鹦鹉学舌、别人学什么我就学什么。每个人的幸福，都是自己认知的变现，不要用自己的短视给自己制造所谓的封锁线。无论何时，拓宽自己的认知，开阔自己的眼界，解除自己紧张的负向限制，比挤独木桥重要得多。

学生时期的所谓“学霸”“学渣”的区别，放到更长的时间长河里，差距并不会那么悬殊。人生是长跑，只要肯上进、肯沉淀下来持续精耕细作、肯静心找到适合自己的兴趣领域，不断拓展自己的成长空间、不断提升自身的能力和价值，活得既健康又有活力，就一定可以收获属于自己的成功和幸福。即使无法获得世俗意义上的成功，只要自顾自地享受自己投入的过程，也就根本不会在乎这种世俗意义上的比较和攀比了。

适合别人的路未必适合自己，适合自己的路也未必适合别人。正所谓“此之蜜糖，彼之砒霜，此地柑橘，彼地枳实”，并不存在“放之四海而皆准”的成功准则。当代的行业、职业和岗位依然在不断地细分、再细分，客户需要的服务也在不断地细分、再细分，机会、风口、赛道是多样且不重叠的。只要专心地做好自己熟悉的领域、专心地做好自己独特的东西，每个人都有自己的营生，每个人都有自己的生存之道，每个人都可以在自己擅长的细分领域获得生存发展的机会和机遇。

世界是五彩斑斓的，资源是无穷无尽的，你所需要做的是体验到资源的丰盛和富足，并且进一步扩充它、扩容它、拓展它。社会中的所有人是一个整体，它不像零和游戏那样，不是你多我就少、你少我就能多。这个整体是共赢的，你越多我就越多，我越好你就越好。

然而，如果你紧张，你会跟风，紧盯着别人，紧盯着风口，随波逐流，而无法看明白自己。这样下去，你就浪费了自己的时间，让自己掉进无数自我设限的坑里。你无法知道自己的专长，更无法展现自己的特色，无法展现自己的创造力。好比大家只会紧抓着诸如高考、考编制这些“救命稻草”，导致这些层面上的竞争加剧、内卷无序。然而，救命稻草只能满足一时之用，长期看未必始终有用。最终还是要学会让自己放松下来，看清楚自己脚下的路。

作为学生们的教育领导者——教师，作为教师们的教育领导者——校长和教育行政领导，要学会教人一种艺术，一种让放松成为习惯的艺术。放松于自己现在的样子，放松于现在，相信一切都是足够的。学习时间是足够的，学习机会是丰富的，学习能力是可以慢慢培养的，不要陷入毫无意义的紧张和焦虑之中。你所真正需要的一切都是足够好的，都是足够用的。“面包会有的，牛奶会有的，一切都会有的。”你只要先做好自己，先安放好自己的心。

紧张、焦虑不是解决问题的方法。面包牛奶不会因紧张、焦虑而出现。安放好自己的心，才能看清面包牛奶的所在。放松的人，更容易获得成功。因为放松，所以不慌不忙，即使遭遇困难、失败，也相信再坚持一下就会成功。而紧张的人，遇到黑暗就不相信光明，遇到挫折就容易放弃。我们传统的教育者更习惯于让学生养成紧张的习惯，更善于制造紧张气氛、紧张心理，这样的教育是错误的，紧张状态下的学习，效果是低下的，靠意志力维持的所谓自律状态也是不容易维持的。

我们要有一些让自己放松的好习惯，在放松的状态下，不刻意地做一些事情，自然形成不刻意的习惯，自然形成自律的习惯。让努力成为一种不需努力的努力，让习惯成为一种不需习惯的习惯，让我们自动回归到自律之中，而不是被他律所控制，如此才能形成一种和谐之美。

一旦让紧张成为一种习惯，即使是面对可以放松的事情，人也无法放松下来了。我们应该让放松成为生活、工作的习惯。人生所有的事情都可以放松，在放松中做事情自然行云流水、水到渠成。只需要我们有意识地转身、转向，只需要我们破除既有的紧张习惯，我们就可以在当下选择放松。不要总是绷着一张面无表情的脸，让气氛压抑、让人紧张；不要总是阴沉着一张脸，不苟言笑，破坏自己和他人的好心情。紧张严肃会让人压抑、让人感受不到放松和满足。不要给人紧张、压力，要教人放松，教人相信自己，教人葆有希望，教人懂得知足常乐。要知道，放松很珍贵，认可自己很珍贵。要敢于放松，要敢于认可自己，要敢于小富即安，要敢于快乐无忧。

在放松自在中长大的人的状态是松弛的、愉悦的，这样的好状态下的成长才是“自然熟”的，而不是被“催熟”的。现在学校的管理理念和模式基本都是催熟式的，大家越来越等不起“自然熟”，每个人都在催促着或者被催促着快快做成点什么事。

真正地放松，才可以有真正的自律；真正地不紧张，才可以有真正的自觉。越放松，越能生出积极向上的状态，越能生出自发的驱动力、天然的驱动力，越能向着更优秀、更美好、更完美的状态发展。越紧张，越容易自暴自弃、得过且过；越紧张，越容易自惭形秽、自我打击。背负太多时，烦恼忧愁、半信半疑就产生了。内心包袱太重时，人是无法奔跑起来的。给人生留点余地、留点轻松才是好的。

有一则故事，讲一个人用船渡过一条河，过了河后他就背负着船前行，只因为他担心前面还会有河流，但他却丝毫不考虑，背负如此之重，自己其实哪里也到不了。还有一则故事，反映的是同样的道理：有个人去沙漠寻宝，宝藏还没有找到，身上的食物和水都用完了。在他奄奄一息时，天使出现了，问他想要什么。这个人说想要食物和水。于是天使给了他一些食物和水。他吃饱喝足后幸运地寻找到了宝藏，他拖着大量宝藏往回走，耗费了大量的体力，他不得不扔掉一些宝物。就这样，他边走边扔，最后把所有的宝物都扔掉了，但依然没有走出沙漠。在他奄奄一息时，天使又出现了，问他想要什么。他说想要食物和水。于是天使给了他一些食物和水。这个人终于放弃再次回去捡宝物，他活了下来，否则他就又回到了背负多余、不必要的东西而让自己置身死地的境地。

故事里虽然讲的是金银珠宝等财物，实际上也可以看作人生中那些不必要的沉重负累和多余的包袱。比如算计、筹谋、自我防卫、自我设限、先入为主的预设和无意识的习惯等，我们的生命不需要这些，要把这些负担都卸下来，放松地投入生活，才是回归生命本真之大道。

教育领导者要教人放松的艺术，放松也是一种让一切慢下来的艺术。生活慢一点，做事慢一点，决定慢一点，选择慢一点，吃饭慢一点，走路慢一点，在慢下来的艺术中，体验放松的生命。慢一点，专心于做一件事，把一件事做好、做到完美，而不是着急忙慌、贪求无度地同时做好几件事。脚踏实地地把一件事做到极致。只要一件事做得纯粹、完美，做到极致、无缺，不在乎这件事多么微乎其微，在乎的是事情是否做到最好、内心是否对自己真正满意、是否感到真正的满足、是否感到人生的圆满。这份满足感和圆满感，可以有效地帮助人整合身心。一个圆满的人、一个整合的人，无论做任何事情，都会抱有极大的热忱和耐心，在其他事情上成功的概率自然也会变大。

过于极端的紧张必然对身心有一定的伤害，需要付出一定的健康代价。如果一开始实在放松不下来，可以允许自己紧张，一直紧张到无以复加的地步，到了紧张的极致，就可以放松下来。人的身心和情绪，就在这种一张一弛、一松一紧的变化中，得到了改善。无论如何，千万不要把自己悬在中间，既无法放松，也无法更紧张，在紧张的同时又痛恨自己的紧张，在放松的同时又憎恨自己的放松，如此只会让自己陷入两难境地，这些都不是放松的艺术。

当我们可以重新像孩子一样放松下来，我们才可以作为引路人、教育的导航者。其实孩子们本来就是放松的，天然就是放下的，孩子们自然而然就是活在当下、享受当下的。只是在他们进入学校之后，每个人都被教导要参与所谓的分数竞争，并且要在竞争中名列前茅、出人头地，在这样的基调下，他们才逐渐被教化成了容易紧张、焦虑、痛苦、担忧的病态样子。

有这样一个故事：有个富翁到海边度假，看到一个渔夫躺在沙滩上晒太阳，便问渔夫，这么好的天气为什么不去打鱼。渔夫说："今天的鱼已经打够，现在要休息了。"富翁不解道："天气这么好，你应该去打更多的鱼，以便可以买更好的船，赚更多的钱啊！"渔夫问："那又怎么样呢？"富翁说："那你就可以雇人出海，不用自己出海，只用舒服地躺着晒太阳就好啦！"渔夫说："可是，我现在不正在舒舒服服地躺着晒着太阳吗？"这则富翁和渔夫的故事可以用来借喻学校里的情况：富翁好比学校里的教育领导者，渔夫好比学校里的学生。渔夫解决了基本的生存问题后，用平和喜悦的心去找寻生活的甜蜜，在工作休闲的平衡中寻找舒服的生活方式，渔夫是在“生活”。然而，富翁头脑里充斥的是赚更多的钱，赚钱已经成为他生命中考虑的核心问题，“生活”本身早已被放在了第二位，甚至对有些富翁来说，“生活”一直在不断被拖延，乃至因为欲望的无止境而永远无法企及。

生命的一部分是工作，一部分是生活；一部分是入世，一部分是出世；一部分是拿得起，一部分是放得下。这才是完整的生命。生活有苦有甜、有起有伏、有进有退、有得有失，进退有度、得失自在，大丈夫能屈能伸，起伏之间、进退之间、得失之间、屈伸之间，可谓生活的智慧。从这个意义上看，渔夫适度劳动配上悠闲享受生活，是非常睿智的表现。渔夫的生命品质没有“掉价”，他的淡泊满足、悠闲自得的生活状态，恐怕是富翁一辈子都无法达到的状态。这种状态不是用钱可以买来的，它是一种灵性的智慧，而不是世俗的智慧。渔夫不是不努力，而是适度努力，解决了生存问题，就好好享受生命本身，好好生活，慢慢过好当下的日子，而富翁已经非常富有却依然欲壑难填，这种富翁不过是心灵的“负翁”，已经完全偏离了生命的本质。

学生刚进入学校时，本也是“渔夫”心态，他们个个怀有童心，如果他们可以保持他们本来的样子，他们可以完全放松、享受当下的学习。他们原本寡欲少求，他们本可以放慢节奏慢慢学习、细嚼慢咽享受学习，细细品味而不注重结果，不以世俗的成败论输赢，无奈却被教化成了成年人得陇望蜀、贪得无厌、利欲熏心、精明算计、惶惶不可终日的样子。

做心灵的“富翁”，不是不努力，不是不拼搏，不是不挑战自我，而是要改变“压力山大”式的学习方式，改变汲汲营营的学习状态，改变同质化的学习评价，改变死记硬背的学习方式。教育领导者要创设各种条件，让每一个人都可以享受学习，以享受学习的心态去体验学习本身，并在享受学习的过程中找到属于自己的学习风格、学习方法。

作为教育领导者，要去寻找让学习更愉快的方法和技术，给予每个学习困难者以恰切的帮助，不让任何一个人在学习中苦苦挣扎。要给予丰富而充足的学习项目和学习信息，把枯燥的学习改变成饶有趣味的学习，让每个人都能从中找到自己感兴趣的话题，让每个人都能体验到求知中的热情和渴望。

教育领导者要让学校里的学习成为一种愉快的体验，专注于学习本身，不是为了考试而学习，更不是为了筛选淘汰而学习。以学习态度和学习过程来正确评价学生，不以学校排名和成绩名次来评判学生，尊重他们的自尊心，用热切的投入和真正的关爱帮助每个人享受学习成功的喜悦，让他们享受努力学习的过程，享受努力学习带来的自我价值感和不断挑战自我的过程，而不是享受学习的结果，更不是享受学习结果在横向和纵向上的比较和攀比。

在学校中，毁掉一个人最快的方式，就是让他在焦灼惶恐的忙碌中丢失自己，让他在患得患失、追逐世俗所定义的成功中忘掉自己。而培养一个人最好的方式，是让他在安心的好状态中慢慢摸索着找到自己心之所向、找到自己成长的节奏，是让他在乐观开朗的好感觉中有勇气尝试新事物，不怕慢、不着急，敢于做一个长期主义者，敢于主动选择“少有人走的路”。

后记

教育领导的底层逻辑

教育领导工作不能只关心领导管理的手段和方式，更要关心领导管理的目的和价值，以及关心领导管理背后的底层逻辑。所谓底层逻辑的内容，就是教育领导的价值标准是什么及这个标准的正当性解释是什么。只有回答好了这个问题，才能有效促进教育领导实务的规范化、伦理化，弥补教育领导实务背后的价值偏颇和意义缺失，为我们重新思考和追问教育为了谁、为了什么，以及什么是正确的和值得做的好教育等经典问题，提供智慧性的解读和诠释。

生命是一场身心合一、内外整合之旅。教育领导是帮助人身心完整的，而不是使人身心残缺的；教育领导是帮助人身心强壮的，而不是使人身心衰弱的。教育领导应该能够帮助人解除生命中的烦恼，安定自己的身心。教育领导的理想形态绝不应当是充当社会的缩影，而应当对社会中流行的不必要的欲望与野心、不必要的烦恼与不适展开有效的杜绝工作和剥离工作。

教育领导者应该是疗愈人的身体和心灵的疗愈师，应该是点化人发现自己、勇敢做自己的魔术师，应该是帮助人激发自己潜能的设计师。教育领导者存在的目的就是帮助人发现自己、接纳自己、尊重自己，帮助人成为完整的自己、圆满的自己，帮助人激发自己的潜能、发挥自己的专长。

教育领导的底层逻辑就是寻找方法、寻找技术、寻找策略、寻找途径来实现上述目的。目的就是方向，在瞄准方向的前提下，才能去寻找达到目的的最佳策略和途径。千万不要在寻找方法、技术的过程中改变了方向，并把手段、方法、策略、途径当成目的。很多教育领导者常常对自己的手段、方法、策略、途径敝帚自珍，而忘记了最初的目的和方向。失去了方向，就是失去了初心，结果是无论跑了多长的时间、无论跑了多远，最后都会被“打回原形”。

各行各业的人都在说“内卷”，教育也不例外。教育的现状是学校、家庭、学生都在为学习而奔忙、为不输在起跑线上而奔忙。大家都在争取更好的学校、更好的专业、更好的老师，以便于毕业以后找到更好的工作，所有的人都无法放松下来。然而，高瞻远瞩的教育领导者还是应该把教育的内涵和目标弄清楚。教育的根本目的是促进人的内在的升华，实现精神境界的提升，激发自己的潜能，实现个性化发展，从而获得幸福安康。外在的成绩和竞争筛选的结果，并不是教育的目的。

在这样追逐结果、不断攀比的时代，如果有人选择停止追逐，就会被看作消极“躺平”，很多人认为“躺平”就是缺乏斗志、精神萎靡、消极应对。其实适度的“躺平”有其积极意义和积极价值。“躺掉”不合理不必要的部分，放下过分追逐的部分，丢掉过多欲望的部分，放下过多的物欲，去享受生命本应有的样子。这样的“躺平”，放下了不必要的重负，放下了不必要的虚荣和浮华，使人在自己的能力范围内有更多的自主自由，这是生命的艺术，也是教育领导者必须领悟和认可的艺术。

人生不外乎六个字：拿得起，放得下。懂得争取，拿得起来，方不负来这世间体验一番，方不负自己的责任和担当；放得下来，能够取舍，才能抓住真正重要的东西，呈现万物之灵所应有的智慧和从容。人最重要的是生命，不必要的东西会消耗生命的活力，甚至会断送生命。“失之东隅，收之桑榆”，真正拿得起、放得下的人才能得自在于心间。教育领导者不应把人培养成一个汲汲营营、争权谋利的人。在生命的家园里，需要时时刻刻进行身心的“大扫除”，在生命的旅途中，每时每刻都需要轻装上阵，丢弃多余的东西，告别不属于自己的圈子，舍弃求而不得的执念和过高的期望，这应是受过教育的人都应具有的生活艺术。

作为一个教育领导者，要以正确的生命整体观看待人生，让人懂得运用生命的智慧去精简装备，不要把成绩看得比生命还重要，丢掉那些超负荷的压力和竞争焦虑，在学习中收获更多的精神愉悦和心理放松。如果一个人在各个教育阶段收获了这样的人生底色，铺垫了这样的精神状态，那么无论以后遇到多大的挫折和风雨，都不会灰心丧气，不会耿耿于怀，更不会唠叨抱怨。他将懂得享受生命的每一种体验，懂得改变心态、转换人生方向、调整作战方式，让自己唱着歌儿轻松赶路，让自己满心欢喜地承担责任。这样培养出来的人才是真正的人，才是真正地活着的人，才能在为人做事中守住人的本性。只有尊重生命，而不是把金钱名利放在第一位，教育才能造就一个充满真情的文明社会。只有身在一个充满真情的文明社会，人们才有多余的精力和足够的动机去追求更无私的目标和更高尚的美德。

真正的以人为本的文明教育，不会不尊重任何一个学生，不会让任何一个学生陷入绝境。教育领导的艺术必须体现为不让任何一位学生因为成绩排名而自卑、因为升学而焦虑，必须体现为让每一位学生因为教育而安适自己的身心，因为教育而解脱烦恼，因为教育而安身立命，因为教育而美化生活。

教育领导者一定要做好职业和技能规划设计，认真负责地为每一位孩子量身定做人生方案，为他们谋出路、谋发展，提供专业支持。对于不适应中考、高考体系或者学校教育的人，可为其另辟蹊径，如根据其兴趣转换专业、提供实用的职业技能教育等，让每个人因为教育而获得有用的生存技能，并能够持续探索自身不断成长的可能性，从而得以安身立命和改善生活。不要让僵化刻板的教育耽误任何人的一生，要让教育成为人们走向社会的最好桥梁。另外，还要让每个人因为教育解脱烦恼与安定身心，在身心健康、唤醒内在力量的基础上获得精神的扬升、净化和超越。教育传递的知识真的有用，教师与学生的情感真的有共鸣，人的精神真的能在教育中升华——这就是教育领导的目的，这就是教育领导的正确方向和全部意义。

我们期待每一位教育领导者都是具有大局观和整体观的人，是展现成熟人格的人，是具备情绪理解能力的人，是帮助他人个性化发展，且能引领他人自爱爱人、喜乐自在、身心合一的人。

楚红丽

2022 年 2 月 26 日于北京